Susanne Kirstein

Ich bring' Dich zum Kochen *vegetarisch*

*Wirklich einfache
Rezepte für Ungeübte –
mit vielen veganen Ideen*

Extra: Smoothies & Brotaufstriche

[handwritten dedication]

Inhalt

Rezepte mit Kartoffeln

SPEZIAL Smoothies

Rezepte mit Teig

SPEZIAL Brotaufstriche

Rezepte mit Nudeln

SPEZIAL Dressings

Rezepte mit Reis

Aller Anfang ist leicht – versprochen!

»Muss man Avocados schälen?«, »Wie putze ich Pilze?« Oder: »Ich kann nicht kochen!«, »Ich hole mir etwas unterwegs!« Kennen Sie das? Dann freut es mich, dass Sie dieses Buch in Händen halten! Sie haben zu einem vegetarischen Kochbuch gegriffen. Möchten Sie ganz auf Fleisch verzichten? Oder muss es einfach nicht mehr jeden Tag Fleisch sein, und Sie zählen damit zu den Flexitariern, den Gelegenheitsvegetariern? Welche Motivation Sie auch haben, hier finden Sie köstliche Rezepte ohne Fleisch und Fisch.

Der zweite Band mit dem Erfolgskonzept »Ich bring' Dich zum Kochen« soll speziell Anfängern und Ungeübten das vegetarische Selbstkochen näherbringen. Wenn das Koch-Know-how fehlt oder Sie nie kochen gelernt haben, dann können Sie jetzt trotzdem sofort loslegen. Und damit der Einstieg leichtfällt, haben wir alle Rezepte mehrfach getestet und jedes einzelne Rezept fotografiert. Denn gerade für Ungeübte ist es wichtig zu sehen, wie das fertige Gericht aussieht. Schließlich kommt der Appetit auch übers Bild! Wir haben ganz bewusst auf ein aufwendiges Foodstyling verzichtet. Hier sieht das Essen wirklich so aus wie selbst gekocht – ohne künstliches Styling, sondern natürlich, lecker und authentisch.
Ein weiteres Plus: Jede einzelne Zutat ist fotografiert, und man sieht auf den ersten Blick, was in ein Rezept reinkommt. Wir zeigen Schritt für Schritt, wie das Gemüse vorbereitet wird. Folgen Sie einfach den Bildern, und schon kann's losgehen.

Ein Wort zu den Zutaten: Im Idealfall greifen Sie zu Bioware, zu Obst und Gemüse der Saison und behalten das Thema Nachhaltigkeit im Auge. Nur: Nehmen Sie sich zu Beginn Ihrer Kochversuche nicht zu viel vor! Alle Rezepte gelingen natürlich auch mit konventionell angebautem Gemüse. Noch wichtiger als Bioqualität ist, dass Sie frisch Gekochtes anstelle von Fertiggerichten essen. Legen Sie einfach los und probieren Sie aus! Sammeln Sie Erfahrungen im Umgang mit Zutaten und Töpfen. Und erst, wenn Sie schon etwas Sicherheit haben, dann schauen Sie sich um, wo es Bioware gibt, und greifen zu heimischer, saisonaler Ware.

Im Alltag hat man kaum Zeit, um lange und aufwendig zu kochen. Schnell und unkompliziert muss es gehen. Damit Sie also, wenn der Hunger kommt, nicht doch zu Fertiggerichten greifen müssen, finden Sie hier viele Kochideen, wie Sie mit »normalen«, bekannten Zutaten aus jedem Supermarkt einfach und gesund kochen können.

Zusätzlich gibt es noch eine praktische Hilfe: Auf der Verlagshomepage *www.buecherschmie.de* können Sie sich die Zutatenliste für jedes Rezept herunterladen. So schnell haben Sie noch nie einen Einkaufszettel geschrieben!

Viel Spaß und guten Appetit wünscht Ihnen
Ihre Susanne Kirstein
mit dem Team der buecherschmie.de

Die vegetarische Ernährung

Immer mehr Menschen reduzieren ihren Fleischkonsum und suchen nach Rezepten ohne Fleisch und Fisch. Der Vegetarierbund schätzt, dass bis zu 10 % der Bundesbürger vollständig vegetarisch essen oder zumindest nur ab und zu Fleisch und Fisch verzehren. Die Tendenz geht weiterhin nach oben.

Fleischskandale, Tierschutz und Massentierhaltung – in unserer Zeit wird viel über Fleischverzehr und -verzicht diskutiert. Außerdem belegen zahlreiche Studien schon seit Langem, dass eine vegetarische Ernährung deutlich gesünder ist als ein hoher Fleisch- und Fischkonsum.

Vegetarisch gut

Wissenschaftliche Studien (wie z. B. die Gießener Vegetarierstudie, die Langzeitstudie des Krebsforschungsinstituts Heidelberg sowie einige weitere Studien) kamen u. a. zu folgenden Ergebnissen:
1. Vegetarier leiden seltener an Übergewicht als diejenigen, die Fleisch und Fisch verzehren.
2. Vegetarier leiden seltener an hohem Blutdruck und können damit das Risiko für einen Herzinfarkt senken.
3. Vegetarier erkranken weniger an Gicht, Gallensteinen und erhöhtem Cholesterinspiegel.
4. Wer auf Fleisch und Fisch verzichtet, hat gesündere Blutfettwerte.
5. Mit vegetarischer Ernährung kommt es seltener zu Krebserkrankungen.

Warum die vegetarische Ernährung so einen hohen gesundheitlichen Wert hat, ist leicht erklärt: Wer viel Obst und Gemüse isst, nimmt gleichzeitig eine Menge Vitamine, Mineralstoffe, Spurenelemente und Ballaststoffe auf. Auch die Versorgung mit den der Gesundheit sehr zuträglichen natürlichen sekundären Pflanzenstoffen ist gut. Letztere sind z. B. natürliche Farbstoffe und Aromen, die wir – wie der Name schon sagt – nur über pflanzliche Lebensmittel aufnehmen. Oftmals sind sie es, die den Körper vor chronischen Krankheiten schützen.

Vegan essen

Manche Menschen wählen eine noch »strengere« Ernährungform und verzichten gänzlich auf tierische Produkte. Im Unterschied zu Vegetariern verzichten Veganer zusätzlich auf Milch, Milchprodukte, Eier und alle anderen tierischen Produkte, z. B. auch auf Honig. Dieser Ernährungsstil kann positiv für die Gesundheit sein. Jedoch ist die Lebensmittelauswahl recht eingeschränkt. Man muss sich gut auskennen, um hier nicht in einen Mangelzustand zu kommen.

Gut versorgt als Vegetarier und Flexitarier

Wer bewusst auf Fleisch und Fisch verzichtet, lebt meist gesünder. Doch nicht nur Vegetarier, sondern auch Flexitarier, die sogenannten Gelegenheitsvegetarier, leben mit dem gesundheitlichen Vorteil. Dennoch gibt es einige Inhaltsstoffe, auf deren ausreichende Zufuhr man besonders achten sollte.

Sie haben besondere Beachtung verdient

Sich vegetarisch zu ernähren, bietet viele Vorteile für die Gesundheit. Manche Vitamine und Nährstoffe sind zwar überwiegend in Fleisch und Fisch enthalten, doch es gibt genügend Alternativen, damit auch Vegetarier in keine Mangelversorgung rutschen.

Im Folgenden sind die wichtigsten Nährstoffe erwähnt, welche Rolle sie im Körper spielen und welche vegetarischen Lebensmittel einen nennenswerten Beitrag zur ausreichenden Versorgung leisten können.

Eisen

AUFGABEN Eisen ist Bestandteil der roten Blutkörperchen und sorgt dafür, dass genügend Sauerstoff in die Zellen kommt. Es ist auch beteiligt am Immunsystem.

QUELLEN Vollkorngetreide, weiße Bohnen, Linsen, Sesamsamen, Kürbiskerne, Leinsamen, Petersilie und Lauch

TIPP Wenn Sie eisenhaltige Lebensmittel gleichzeitig mit Vitamin-C-haltigem Gemüse und Obst essen, kann der Körper das Eisen besser aufnehmen. Kaffee und schwarzer Tee hemmen dagegen die Eisenaufnahme.

Vitamin D

AUFGABEN Vitamin D sorgt dafür, dass Kalzium aus der Nahrung besser aufgenommen werden kann, und ist somit am Aufbau der Knochen und deren Festigkeit beteiligt. Es ist wichtig für das Immunsystem und kann vor Krebs schützen.

QUELLEN Milchprodukte, Eier, Avocados, Pilze

TIPP Der Mensch kann durch Sonneneinstrahlung Vitamin D in der Haut selbst bilden. Also gehen Sie spazieren, besonders im Winter, und lassen die Sonne ruhig für ein paar Minuten ohne Sonnenschutz an Ihre Haut kommen. Tasten Sie sich jedoch langsam heran und riskieren Sie keinesfalls einen Sonnenbrand!

Vitamin B$_{12}$

AUFGABEN Vitamin B$_{12}$ unterstützt die Blutbildung sowie die Zellteilung und schützt das Nervensystem.

QUELLEN Es ist fast ausschließlich in tierischen Lebensmitteln wie z. B. Eiern, Milch und Milchprodukten, aber auch in Sauerkraut enthalten. Darüber hinaus können Darmbakterien das Vitamin bilden.

TIPP Besonders Veganer sollten auf eine ausreichende Vitamin-B$_{12}$-Versorgung achten. Unter Umständen sind Nahrungsergänzungsmittel angeraten.

Omega-3-Fettsäuren

AUFGABEN Die Omega-3-Fettsäuren sind lebensnotwendig. Sie bieten einen vielseitigen Gesundheitsschutz und spielen eine wichtige Rolle für Gehirnleistung und Sehkraft. Sie können Arteriosklerose vorbeugen, Herz und Kreislauf gesund erhalten und wirken positiv auf die Blutfettwerte. Sie können den Blutdruck regulieren und sind beteiligt an der Körperabwehr. Eine Vorstufe der Omega-3-Fettsäuren ist Bestandteil hormonähnlicher Stoffe, die vor Entzündungen wie z. B. Rheuma schützen können.

QUELLEN Besonders reich enthalten in hochwertigen Speiseölen wie z. B. Leinöl, Rapsöl, Walnussöl und Hanföl sowie in Walnüssen

TIPP Die hochwertigen Speiseöle sollten möglichst unerhitzt verzehrt werden, z. B. im Salatdressing.

wahre Gesundheitspolizei. Sie können die Durchblutung ankurbeln, die Zellen schützen, die Abwehrkräfte stärken und Entzündungsprozesse im Körper hemmen. Wer viel Obst und Gemüse isst, sieht fitter aus und kann sogar das Älterwerden verlangsamen.

3. Obst und Gemüse enthält viel Wasser und trägt ganz nebenher dazu bei, dass wir ausreichend Flüssigkeit zu uns nehmen.

4. Wegen des hohen Wassergehalts haben Obst und Gemüse ein großes Volumen, liefern aber gleichzeitig wenig Kalorien. Ein großer Salat, eine bunte Gemüsepfanne oder eine heiße Gemüsesuppe sättigen gut ohne die Verdauung zu überladen. Mit diesem angenehmen und länger andauernden Sättigungsgefühl kann auch das Abnehmen leichter gelingen.

Die Vorteile der vegetarischen Ernährung

Nicht allein der Geschmack spricht für eine ausgewogene Ernährung ohne Fleisch und Fisch – sie bietet auch viele Vorteile für unsere Gesundheit.

1. Obst, Gemüse und Vollkornprodukte liefern reichlich gesunde Ballaststoffe. Sie sorgen für eine gute Verdauung und intakte Darmgesundheit.

2. Die sogenannten sekundären Pflanzenstoffe, auch bioaktive Substanzen genannt, sowie zahlreiche antioxidativ wirkende Vitamine sind eine

Gesund und selbst gekocht

Mit selbst gekochtem Essen und ein klein wenig Koch-Know-how aus diesem Buch ist es nicht schwer, sich gesünder zu ernähren, und es schmeckt ausgesprochen lecker. Hier finden Sie ein paar Basics, die Sie nach und nach in Ihre Ernährung einbauen können. Werden Sie zum Selbstkocher und schauen Sie sich diese Basics immer mal wieder an. Sie werden bald merken, wie gut es Ihnen damit geht.

Wer sich gesünder ernähren möchte, greift am besten selbst zum Kochlöffel. Geben Sie die Verantwortung für Ihre Gesundheit nicht aus der Hand und kochen Sie so oft wie möglich selbst, am besten mit frischen, unverarbeiteten Lebensmitteln. So können Sie viel besser kontrollieren und entscheiden, was Sie zu sich nehmen möchten.

Industriell gekochtem Essen wie z. B. Fertiggerichten, TK-Pizza oder gekauften Brotaufstrichen sind zum Teil viele chemische Stoffe zugesetzt, damit das Essen lange Zeit nicht nur Geschmack, sondern auch Form und Farbe behält. Leider kann der Verbraucher oft nicht erkennen, was wirklich drin ist, denn diese künstlichen, mitunter schädlichen Stoffe verbergen sich hinter harmlos klingenden E-Nummern oder Wortneuschöpfungen der modernen Industrie.

ALS FAUSTREGEL GILT:

Je länger die Zutatenliste, desto ungesünder. Und je weniger verarbeitet, desto besser.

Greifen Sie also möglichst oft zu reinen Zutaten und fangen Sie an, Chefkoch in Ihrem Haushalt zu werden! Mit den leckeren Rezeptideen aus diesem Kochbuch können Sie Ihre Familie oder Freunde mit einem duftenden Essen beeindrucken und sich das Koch-Know-how ganz leicht Schritt für Schritt aneignen. Learning by doing!

Sie werden erstaunt sein, wie einfach es ist, selbst den Kochlöffel zu schwingen. Sie werden jede Menge Freude haben, sich wohler fühlen, jeden Bissen genießen und sich mit gutem Gewissen gesünder ernähren – Gesundheit und Genuss schließen sich nämlich keineswegs aus.

Wichtige Abkürzungen und Maßeinheiten

EL Esslöffel

TL Teelöffel (weniger als die Hälfte von 1 EL)

gestrichen Löffel ist (wie mit dem Zeigefinger darübergestrichen) gerade eben bis zum Rand voll

gehäuft Löffel ist mit einem kleinen Häufchen gekrönt; etwa die eineinhalbfache Menge eines gestrichenen Löffels

Msp. Messerspitze; 2–3 Prisen

Prise Menge, die man zwischen Daumen und Zeigefinger halten kann

TK Tiefkühl-…

ø Durchmesser (z. B. bei Topf, Pfanne oder Springform)

8 Basics für eine gesunde Ernährung

Im Folgenden lesen Sie ein paar Basics, wie eine gesunde Ernährung im Alltag funktionieren kann.

1. Überwiegend Gemüse und Obst

Obst und Gemüse sollten mengenmäßig den größten Platz auf jedem Teller einnehmen. Getreide, Milch und Milchprodukte dürfen etwas Platz machen. Diese sogenannte basisch betonte Ernährung kann vor einer Übersäuerung des Körpers sowie vor chronischen Krankheiten schützen.

2. Manches roh

Essen Sie, wenn Sie es vertragen, einen Teil der täglichen Obst- und Gemüsemenge unerhitzt und roh, z.B. als Gemüsesticks, zum belegten Brot oder als Salat. Leider werden manche Vitamine bei Hitze zerstört. Also öfter mal knackig roh essen!

3. Essen Sie bunt

Essen Sie so abwechslungsreich wie möglich! Mit einem bunten Speiseplan klappt eine gute Vitamin- und Mineralienversorgung leichter.

4. Vollkorn schmeckt und tut gut

Bevorzugen Sie Vollkornprodukte bei Brot, Reis und Nudeln. Sie liefern mehr Vitamine, Mineralien und Ballaststoffe als ihre hellen Verwandten.

5. Regional, saisonal, bio und frisch

Regional und Bioqualität schmecken besser und sind in der Regel frischer. Saisonales ist darüber hinaus meist auch noch preiswerter. Der Saisonkalender auf den Umschlaginnenseiten hilft Ihnen bei der Suche.

6. Schälen nur ausnahmsweise

Schälen Sie Gemüse und Obst nur, wenn die Schale wirklich ungenießbar ist. Direkt darunter sitzen die meisten Vitamine (siehe »Kleines Abc der Gemüsevorbereitung« ab Seite 10).

7. Mit Planung fällt es leichter

Planen Sie Ihr Essen und überlegen Sie im Voraus, was Sie in der kommenden Woche kochen und ausprobieren möchten. Auf der Verlagshomepage *www.buecherschmie.de* können Sie sich bequem die Zutatenlisten der Rezepte downloaden, und Ihr Einkaufszettel ist schnell fertig. Dann gehen Sie für 2 bis 3 Tage einkaufen; so lange bleiben auch Gemüse und Obst einigermaßen frisch. So können Sie sich im Alltag voll aufs Kochen konzentrieren und sofort loslegen. Sie werden begeistert sein, wie schnell es geht, bis das Essen duftet!

8. Gefrorenes für den Vorrat

Keine Lust zum Gemüseputzen? Legen Sie sich einen kleinen Vorrat an tiefgekühltem Gemüse an. Das ist durchaus eine gute, vitaminreiche Alternative zu Frischem. TK-Gemüse reift in der Regel an der Pflanze aus und wird frisch vom Feld eingefroren. So bleiben die Vitamine weitgehend erhalten.

Kleines Abc der Gemüsevorbereitung

Aubergine

   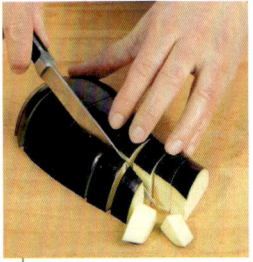

1 Aubergine waschen und den Stielansatz abschneiden.

2 Aubergine mit einem langen Messer längs halbieren.

3 Mit der Schnittfläche auflegen. In Scheiben schneiden.

4 Die Scheiben längs in Würfel schneiden.

Austernpilze

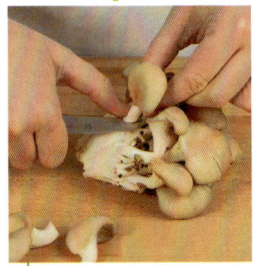   

1 Pilze mit einem kleinen Messer von der Kolonie trennen.

2 Vom Ende des Pilzstiels eine dünne Scheibe abschneiden.

3 Mit einem feuchten Küchenpapier abwischen.

4 Die Austernpilze in Scheiben schneiden.

Avocado

1 Avocado am Kern entlang längs halbieren. Hälften gegeneinander drehen und trennen.

2 Den Kern mit der Spitze eines Messer etwas anstechen und vorsichtig herauslösen.

3 Die Hälften halbieren und die Haut mit einem kleinen Messer von der Spitze her abziehen.

4 Zum Purieren alternativ das Fruchtfleisch mit einem Löffel aus der Schale kratzen.

Brokkoli

1 Die Brokkoliröschen mit einem kleinen Messer einzeln vom Strunk schneiden.

2 Brokkolistiel mit dem Messer schälen. Röschen und Stiel waschen.

3 Den Brokkolistiel in ca. 1 cm breite Scheiben schneiden.

Champignons

1 Die Champignonköpfe mit einem feuchten Küchenpapier abwischen.

2 An den Enden des Pilzstiels jeweils eine dünne Scheibe abschneiden.

3 Die Champignons mit einem kleinen Messer in Scheiben schneiden.

Feldsalat

1 Den Feldsalat gründlich in kaltem Wasser waschen. Evtl. wiederholen.

2 Salat in eine Schleuder geben und vorsichtig trocknen. Alternativ abtropfen lassen.

3 Die kleinen Wurzeln abschneiden. Gelbe und welke Blättchen ggf. entfernen.

Fenchel

1 Den Wurzelansatz mit einem scharfen Messer abschneiden.

2 Die Fenchelknolle längs halbieren. Den Strunk keilförmig herausschneiden.

3 Die Hälften erneut halbieren und in etwa 1 cm breite Scheiben schneiden.

Frühlings- oder Lauchzwiebeln

1 Den Wurzelansatz der Frühlingszwiebeln abschneiden.

2 Etwa 10 cm des Zwiebelgrüns abschneiden. Es wird nicht verwendet.

3 Frühlingszwiebeln waschen, vorsichtig abtrocknen und in dünne Ringe schneiden.

Hokkaidokürbis

1 Den Kürbis waschen, abtrocknen und mit einem langen Messer längs halbieren.

2 Die Kerne und das weiche Innere mit einem Esslöffel herauskratzen.

3 Den Kürbis mit der Schnittfläche nach unten in etwa 2 cm breite Spalten schneiden.

4 Die ungeschälten (!) Kürbisspalten in der gewünschten Größe in Würfel schneiden.

Lauch oder Porree

1 Vom Lauch den dunkelgrünen Teil abschneiden. Er wird nicht verwendet.

2 Weißen und hellgrünen Teil mit einem
großen Messer der Länge nach halbieren.

3 Die Hälften jeweils auf die Schnittfläche
legen und in Halbringe schneiden.

Möhrenscheiben

1 Möhren waschen und ggf.
mit einem Sparschäler schälen.

2 Beide Enden mit einem
kleinen Messer abschneiden.

3 Möhren je nach Dicke längs
halbieren, kleine ganz lassen.

4 Die Hälften in etwa
1 cm breite Scheiben schneiden.

Möhrenstreifen, -julienne und -raspel

1 **Streifen**: Die Möhren der Länge nach
mit einem Sparschäler in Streifen schneiden.

2 **Julienne**: Möhren längs mit einem
Juliennemesser in dünne Streifen schneiden.

3 **Raspel**: Die Möhren mit einer Reibe in
dünne Raspel schneiden.

Paprikaschoten

1 | Paprika waschen und mit einem großen Messer der Länge nach in 4 Teile schneiden.

2 | Den grünen Stiel mit einem kleinen Messer von den Vierteln abschneiden.

3 | Trennwände und Kerne mit Hilfe eines kleinen Messers entfernen.

4 | Paprikaviertel längs in Streifen schneiden und in die gewünschte Größe würfeln.

Radicchio

1 | Radicchiokopf mit einem langen Messer längs halbieren.

2 | Den Strunk großzügig keilförmig ausschneiden.

3 | Die Hälften mit der Schnittfläche auf das Brett legen und in Streifen schneiden.

Rosenkohl

1 | Rosenkohl waschen. Die Schnittflächen frisch anschneiden.

2 | Welke und gelbe Blätter gegebenenfalls entfernen.

3 | Den Strunk mit einem kleinen Messer kreuzweise einschneiden. So gart er schneller.

Salat wie z. B. Kopfsalat, Batavia etc.

1 Sehr derbe, dunkle, äußere Blätter des Kopfsalats mit einem kleinen Messer entfernen.

2 Die inneren Blätter einzeln ablösen und waschen. Mit dem Messer entlang der dicken Mittelrippe schneiden und diese entfernen.

3 Die Blätter mit den Fingern in etwa mundgroße Stücke zupfen und gut abtrocknen lassen.

Spargel, grün

1 Grüne Spargelstangen am unteren Ende frisch anschneiden.

2 Das untere Drittel der Spargelstangen mit einem Sparschäler schälen.

3 Die Spargelstangen in etwa 3 cm lange Stücke schräg schneiden.

Spinat

1 Blattspinat mehrmals gründlich in reichlich Wasser waschen, bis es sandfrei ist.

2 Dicke Stiele und Blattrippen mit einem scharfen Messer entfernen.

3 Die Spinatblätter mit einem kleinen Messer in grobe Stücke zerteilen.

Tomaten

1 Gewaschene Tomaten mit scharfem Messer längs halbieren, Hälften ebenso halbieren.

2 Aus den Tomatenvierteln den grünen Stielansatz herausschneiden.

Zucchini

1 Zucchini waschen, Stielansatz abschneiden. Zucchini in Scheiben schneiden.

2 **Zucchini würfeln:** Scheiben dicker schneiden, in Spalten teilen und würfeln.

Zuckerschoten

1 Zuckerschoten in reichlich Wasser gründlich waschen.

2 Die Enden an beiden Seiten mit einem kleinen Messer abschneiden.

3 Die Zuckerschoten je nach Größe halbieren oder ganz lassen.

Zwiebeln

1 Zwiebel 3 Min. in warmes Wasser legen. Längs halbieren. Die Schale von oben abziehen.

2 **Halbringe schneiden:** Hälften auf die Schnittfläche legen, in Halbringe schneiden.

3 **Zwiebel würfeln:** Hälften auf die Schnittfläche legen, längs in kleinen Abständen bis …

4 … kurz vor dem Wurzelansatz einschneiden, dann quer dazu kleine Würfel abschneiden.

Kartoffeln – unschlagbar gut

Kaum ein anderes Gemüse kann so vielseitig verwendet werden wie Kartoffeln. Hier finden Sie zwei einfache Rezepte:

Salzkartoffeln (für 4 Personen)

600 – 800 g Kartoffeln, vorwiegend festkochend oder mehligkochend

1 TL Salz

Kartoffelpüree (für 4 Personen)

600 – 800 g Kartoffeln, mehligkochend

600 – 800 ml kochend heiße Milch

80 g Butter

1/2 TL Salz

1 Prise geriebene Muskatnuss

Die Zubereitungen werden unten beschrieben.

Salzkartoffeln

1 Kartoffeln gründlich waschen. Die Schale mit einem Sparschäler möglichst dünn abschälen. Dunkle Augen herausstechen oder -schneiden.

2 Die Kartoffeln halbieren, die Hälften ebenfalls halbieren. Die Viertel zügig in kaltes Wasser legen, sonst verfärben sich die Kartoffeln braun.

3 Kartoffeln in Salzwasser zugedeckt bei mittlerer Hitze ca. 20 Min. kochen. Mit einem Messer die Garprobe machen: Kann man leicht reinstechen, sind die Kartoffeln fertig.

Kartoffelpüree

1 Kartoffeln in Wasser ca. 20 Min. kochen. Garprobe (s. Salzkartoffeln, Step 3). Abgießen, noch heiß pellen. Mit einer Gabel zerdrücken.

2 In einem zweiten Topf Milch zum Kochen bringen und mit einem Stück Butter zu den gestampften Kartoffeln geben.

3 Milch, Butter, Kartoffeln, Salz und Muskatnuss mit einem Kochlöffel vermengen und zu einem cremigen Püree rühren.

Küchenausstattung

Eine praktische und sinnvolle Küchenausstattung ist beim Kochen die halbe Miete: Mit guten Messern, Töpfen, Pfannen & Co. macht auch Ungeübten das Kochen Spaß! Ärgern Sie sich nicht mit unpraktischen und überflüssigen Küchenutensilien herum – mit den Helfern auf dieser Doppelseite ist Ihre Küche optimal ausgestattet.

Töpfe, Pfannen & Ofengeschirr

Töpfe und Pfannen sollten auf die Kochplattengröße abgestimmt sein – die Böden sind also 1 bis 2 cm größer als die Platte, auf der sie stehen.

GROSSER TOPF MIT DECKEL (CA. 5 L INHALT) Für die Zubereitung von Eintöpfen und Suppen, zum Anbraten und Schmoren

2 MITTELGROSSE TÖPFE MIT DECKEL (3 – 4 L INHALT) Zum Garen von Nudeln, Reis, Kartoffeln und Gemüse

GROSSE BESCHICHTETE PFANNE MIT DECKEL UND HOHEM RAND (28 CM Ø) Zum Kurzbraten von Fleisch, Gemüse sowie zum Schmoren von Gemüsepfannen und Ragouts

GROSSE AUFLAUFFORM (35 X 25 CM, AUS GLAS ODER KERAMIK) Für Aufläufe und Gratiniertes jeder Art

Schüsseln und Siebe

GROSSES NUDELSIEB Zum Abgießen von gekochten Nudeln, zum Waschen von Salat und Gemüse

GROSSE UND KLEINE VORRATSSCHÜSSELN AUS KUNSTSTOFF (PRAKTISCHERWEISE MIT DECKEL) Für die Zubereitung von Salatsaucen und zum Vermengen von Salaten; zum Aufbewahren von vorbereiteten Zutaten, Speiseresten und unverpackten Lebensmitteln

Messer, Kochlöffel & mehr

KLEINES MESSER Unverzichtbar zum Putzen, Schälen und Schneiden von Obst und Gemüse

GROSSES KOCHMESSER Eignet sich gut zum Hacken von Kräutern und Nüssen. Erfahrene Köche nehmen ein Messer mit breiter Klinge.

SCHNEID-/PÜRIERSTAB Zum sämigen Pürieren von Suppen und Saucen

KNOBLAUCHPRESSE Praktisch zum effektiven Zerkleinern von Knoblauchzehen

SPARSCHÄLER Unverzichtbar zum Schälen von Gemüse, Obst und Kartoffeln; schneidet auch Möhren und Zucchini in perfekt gleichmäßige Streifen

JULIENNESCHNEIDER Perfekt für Gemüsespaghetti

BACKPINSEL Zum Einfetten von Back- und Auflaufformen

TEIGROLLER Zum Auswellen von Teig

PFANNENWENDER Ideal aus Holz oder Kunststoff zum kratzfreien Wenden in beschichteten Pfannen

SCHNEEBESEN Dient u. a. zum klümpchenfreien Verrühren von Saucen

KOCHLÖFFEL Aus Holz oder Kunststoff

REIBE Praktisch mit verschieden groben Reibeflächen. Für Käse, Obst und Gemüse

SCHÖPFKELLE Für Suppen, Eintöpfe und Saucen

TOPFLAPPEN Praktisch: mit langem Schaft

Waagen, Messbecher & mehr

KÜCHENWAAGE Für genaues Abwiegen
MESSBECHER Zum Abmessen von Brühe, Wasser,
Wein etc. benötigt man 2 Messbecher: einen
1-l-Messbecher für größere Mengen und einen
kleinen für geringe Mengen.
HANDRÜHRGERÄT mit Quirlen und Knethaken

1 Messbecher, groß **2** Messbecher, klein **3** Küchenwaage
4 Reibe **5** Pfanne mit Deckel **6** Topfhandschuh **7** Schöpfkelle
8 Julienne **9** Messer, groß **10** Messer, mittelgroß **11** Messer,
klein **12** Sparschäler **13** Kochlöffel **14** Pfannenwender

Küchenbretter

Sie benötigen 2 Küchenbretter: ein kleines Brett
zum Schneiden von Knoblauch und Zwiebeln,
am besten aus Kunststoff. Und ein zweites zum
Schneiden von Obst, Gemüse, Fisch und Fleisch.
Profis haben ein separates Brett zum Vorbereiten
von Fisch und Meeresfrüchten.

15 Eierschneider **16** Knoblauchpresse **17** Nudelsieb **18** Auf-
lauform **19** Schneebesen **20** Pürier-/Schneidstab **21** Vor-
ratsdosen **22** Schneidebretter **23** Kochtöpfe **24** (Silikon-)Pin-
sel **25** Teigroller **26** Handrührgerät mit Quirlen und Knethaken

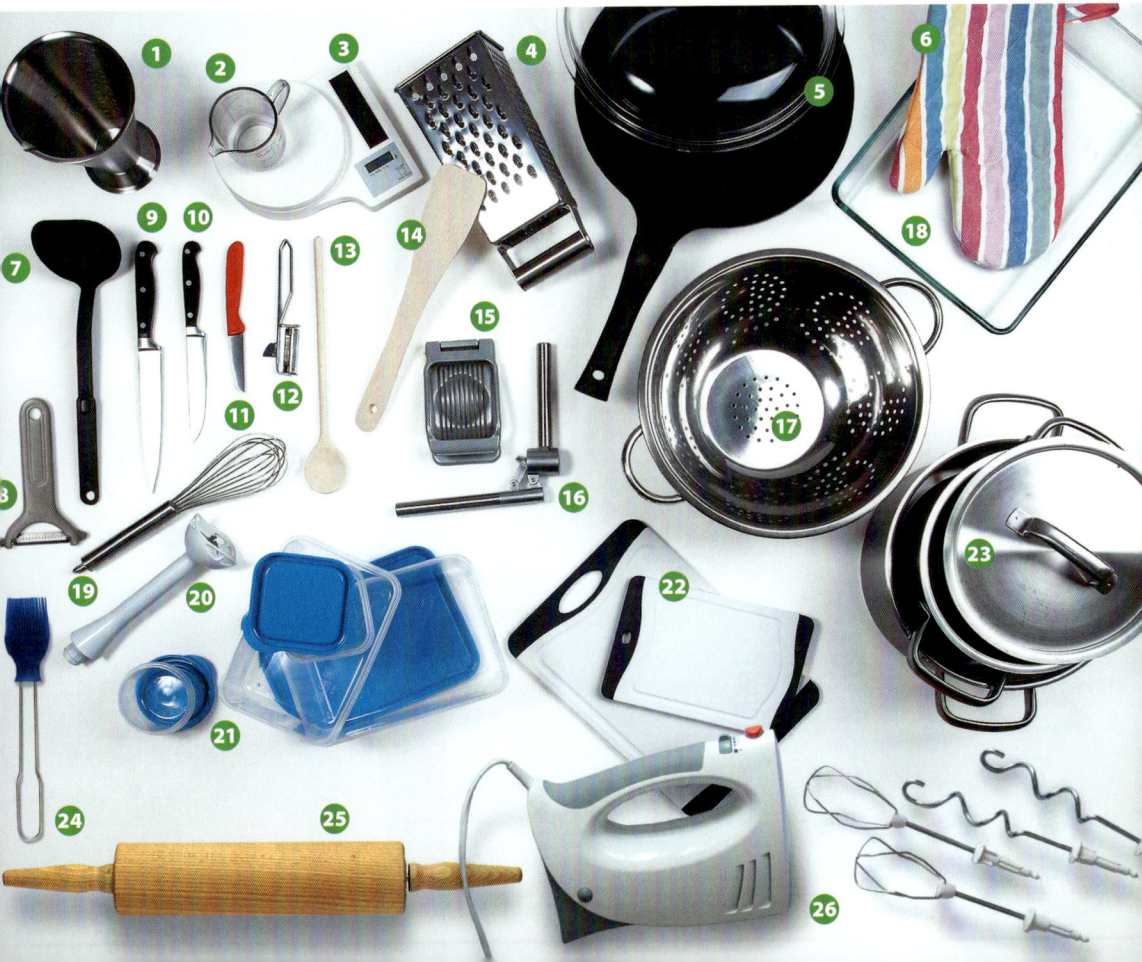

Buntes Blechgemüse

Für 4 Personen

400 g Kartoffeln
400 g Hokkaidokürbis
300 g Möhren
2 große Zwiebeln
4 Knoblauchzehen
300 g Zucchini
2 rote Paprikaschoten
4 EL Olivenöl
1 TL Salz, Pfeffer
2 TL Paprikapulver
1 Zweig frischer Rosmarin
Öl für das Backblech
40 g Haselnüsse, grob gehackt
250 g Kräuterquark

Zubereitungszeit
30 – 35 Minuten

1. Kartoffeln waschen, schälen und in 3 cm große Würfel schneiden. Kürbis waschen, halbieren und entkernen. Hokkaidokürbis muss nicht geschält werden! Das Fruchtfleisch in 3 cm große Würfel schneiden (siehe Seite 12). Möhren gründlich waschen, putzen und die Enden abschneiden (siehe Seite 13). In 3 cm lange Stücke schneiden.

2. Den Backofen auf 200 °C (Umluft 180 °C) vorheizen. Zwiebeln abziehen und vierteln. Knoblauchzehen (ungeschält) mit einem breiten Messer etwas zerdrücken. Zucchini waschen, putzen, längs halbieren und in etwa 2 cm lange Stücke schneiden. Paprikaschoten waschen, der Länge nach achteln. Stiel, Trennwände und Kerne mit einem kleinen Messer entfernen. Paprikaachtel dritteln.

3. Kartoffeln, Kürbis und Möhren in einen Gefrierbeutel geben. Zwiebeln, Knoblauch, Zucchini und Paprika in einen weiteren Gefrierbeutel geben. Öl, Gewürze und den in 2 bis 3 Stücke geschnittenen Rosmarinzweig je zur Hälfte auf die beiden Gemüsebeutel verteilen. Jeden Beutel zuhalten und mit der anderen Hand die Gemüsestücke gründlich durchkneten; so verteilen sich Gewürze und Öl ganz leicht.

4. Backblech leicht einölen. Kartoffeln, Kürbis und Möhren daraufgeben. Im vorgeheizten Ofen bei 200 °C (Umluft 180 °C) ca. 10 Min. garen. Dann Paprika, Zucchini, Zwiebeln und Knoblauch zugeben und weitere 20 Min. garen, bis das Gemüse bräunlich und weich wird.

5. Gehackte Haselnüsse in eine beschichtete Pfanne ohne Fett geben und unter ständigem Rühren etwa 4 bis 5 Min. leicht anrösten. Vorsicht, sie verbrennen leicht! Das fertige Blechgemüse damit bestreuen und mit Kräuterquark servieren. Dazu passt frisches Brot gut.

Kartoffelrösti vom Blech

Für 4 Personen

2 mittelgroße Stangen Lauch
3 Zwiebeln
2 Knoblauchzehen
1 kg Kartoffeln, festkochend
Salz, Pfeffer
1 Prise Muskatnuss
1 EL Oregano, getrocknet
125 g Mozzarella
150 g würziger Hartkäse
wie z. B. Emmentaler oder
Bergkäse, gerieben
etwas Öl für das Backblech
30 g Butter

Zubereitungszeit
40 Minuten

Backzeit
35 Minuten

1. Etwa 1 l Wasser zum Kochen bringen. Währenddessen Lauch putzen, waschen und in dünne Ringe schneiden (siehe Seite 13). Zwiebeln der Länge nach halbieren, abziehen und in dünne Streifen schneiden. Knoblauchzehen abziehen und fein würfeln.

2. Lauch und Zwiebeln mit dem kochenden Wasser kurz überbrühen. Anschließend mit kaltem Wasser abschrecken, damit der Lauch seine Farbe behält. Abtropfen lassen.

3. Den Backofen auf 200 °C (Umluft 180 °C) vorheizen. Die Kartoffeln waschen, schälen, auf einer groben Reibe raspeln und mit etwas Salz, Pfeffer, Muskatnuss und Oregano würzen. Mozzarella in kleine Würfel schneiden. Zwiebeln, Knoblauch, Lauch, Mozzarella und den geriebenen Käse zu den Kartoffeln geben und alles miteinander vermischen.

4. Ein Backblech mit Öl einpinseln. Die Röstimischung gleichmäßig auf dem Backblech verteilen. Die Butter in kleinen Flöckchen sowie 3 EL Wasser darauf verteilen. Die Kartoffelrösti im heißen Backofen (Umluft 180 °C) in etwa 35 Min. knusprig backen.

TIPP Dazu passt ein grüner Salat mit Tomaten und Vinaigrette-Dressing (siehe Seite 83).

Chili sin carne

1. Kartoffeln waschen, schälen und in 1 cm große Würfel schneiden. Paprikaschoten der Länge nach vierteln. Stiel, Trennwände und Kerne mit einem kleinen Messer entfernen. Paprikaviertel waschen und in Würfel schneiden (siehe Seite 14). Zwiebeln abziehen, halbieren und würfeln (siehe Seite 16).

2. Öl in einem großen Topf erhitzen. Zwiebeln und Kartoffelwürfel darin bei mittlerer Hitze anbraten, bis sie anfangen, sich leicht zu verfärben. Paprikawürfel zugeben und etwa 2 bis 3 Min. bei mittlerer Hitze anbraten. Tomatenmark zugeben und kurz unter ständigem Rühren anbraten.

3. Die Tomaten mitsamt dem Saft in den Topf geben. Bohnen und Mais abtropfen lassen und ebenfalls in den Topf geben. Brühe zufügen und alles mit Cayennepfeffer würzen.

4. Das Ganze für ca. 20 Min. bei kleiner Hitze leicht kochen lassen, bis die Kartoffelwürfel gar sind. Nach Belieben mit Salz abschmecken. Mit einem Klecks Sojajoghurt servieren. Petersilie waschen, trocken schütteln, grob hacken und zum Schluss darüber streuen.

TIPP Das Chili sin carne lässt sich sehr gut vorbereiten, und Reste davon können Sie sogar einfrieren.

Für 4 Personen

4 faustgroße Kartoffeln, festkochend

3 rote Paprikaschoten

2 Zwiebeln

2 EL Öl

2 EL Tomatenmark

2 kleine Dosen stückige Tomaten (à 400 g Füllmenge)

2 kleine Dosen Chili-Kidney-Bohnen (à 420 g Füllmenge)

1 Dose Maiskörner (340 g Füllmenge)

400 ml Gemüsebrühe

Cayennepfeffer

Salz

4 TL Sojajoghurt

½ Bund Petersilie

Zubereitungszeit
40 Minuten

Kürbissuppe mit Kokosmilch

Für 4 Personen

3 Zwiebeln

1 walnussgroßes Stück Ingwer

200 g Kartoffeln (mehlig-
kochende Sorte)

6 mittelgroße Möhren (600 g)

1,2 kg Kürbisfleisch
(Hokkaido)

3 EL Olivenöl

3 l Gemüsebrühe

2 Dosen Kokosmilch (400 ml)

1 Msp. Muskatnuss

2 EL Currypulver

Pfeffer, Salz

3 EL Kürbiskerne

Zubereitungszeit
45 Minuten

1. Zwiebeln abziehen und in Würfel schneiden (siehe Seite 16). Ingwer mit einem scharfkantigen Löffel schälen und in feine Würfel schneiden. Kartoffeln waschen, schälen und in etwa 1 cm große Stücke schneiden. Möhren gründlich waschen, der Länge nach halbieren und in etwa 1 cm große Scheiben schneiden (siehe Seite 13).

2. Den Kürbis waschen, halbieren und entkernen. Hokkaidokürbis muss nicht geschält werden! Das Fruchtfleisch in grobe Würfel schneiden (siehe Seite 12).

3. Öl in einem großen Topf erhitzen und die Zwiebeln darin glasig dünsten. Ingwer dazugeben und alles einige Min. unter ständigem Rühren weiterdünsten. Kartoffeln, Möhren und Kürbis dazugeben und alles etwa 7 Min. bei starker Hitze kräftig anbraten.

4. Das Ganze mit Brühe und Kokosmilch ablöschen, mit Muskat, Currypulver und Pfeffer würzen und das Gemüse bei niedriger Hitze in etwa 20 Min. weich kochen. Die Suppe mit einem Pürierstab pürieren, mit Salz und Pfeffer abschmecken.

5. Die Kürbiskerne mit einem Messer grob zerhacken und in einer beschichteten Pfanne ohne Fett leicht anrösten. Dabei ständig rühren, sonst verbrennen die Kerne. Zum Schluss über die Suppe streuen und servieren.

TIPP Dazu passt frisches Baguette oder getoastetes Mischbrot.

Kokos-
milch

Herzhafte Kartoffelsuppe

1. Zwiebeln abziehen und grob würfeln (siehe Seite 16). Kartoffeln schälen und in ca. 1 cm große Stücke schneiden. Vom Suppengemüse die Möhren putzen, gründlich waschen und die Enden abschneiden. Längs halbieren und in ca. 1 cm große Stücke schneiden (siehe Seite 13). Das Dunkelgrüne vom Lauch entfernen, den Rest längs halbieren, gründlich waschen und in ca. 2 cm breite Stücke schneiden (siehe Seite 13). Sellerie schälen und in ca. 1 cm große Würfel schneiden.

2. Öl in einem großen Topf erhitzen und die Zwiebeln darin in 4 bis 5 Min. bei mittlerer bis starker Hitze glasig dünsten. Kartoffeln, Möhren, Lauch und Sellerie zufügen und kräftig anbraten. Das Gemüse soll nicht dunkelbraun werden.

3. Petersilie waschen und zusammen mit der Gemüsebrühe zum Gemüse geben. Mit Pfeffer, Muskat, Majoran und Lorbeerblättern würzen und in ca. 20 Min. weich kochen.

4. Nach Ende der Garzeit die beiden Lorbeerblätter herausnehmen und die Kartoffelsuppe mit einem Pürierstab pürieren, evtl. mit Salz und Pfeffer abschmecken. Zum Schluss den Schmand einrühren und mit Schnittlauch bestreut servieren.

VEGANTIPP Wer eine vegane Kartoffelsuppe möchte, kann Sojasahne anstelle von Schmand verwenden.

Für 4 Personen

2 große Zwiebeln

1,5 kg Kartoffeln (möglichst mehligkochende Sorte)

ca. 250 g Suppengemüse (Möhren, Lauch, Sellerie)

2 EL Olivenöl

2 Stängel Petersilie

2,5 l Gemüsebrühe

Pfeffer

1 Prise Muskatnuss

1 TL Majoran, gerebelt

2 Lorbeerblätter

Salz

4 EL Schmand

Schnittlauchröllchen zum Bestreuen

Zubereitungszeit
45 Minuten

Rosenkohl mit Käsecreme & Pellkartoffeln

Für 4 Personen

1 kg Kartoffeln, festkochend,
möglichst gleich groß
1 TL Kümmelsaat
800 g Rosenkohl
2 EL Öl
1 Msp. Muskatnuss
2 TL gekörnte Gemüsebrühe
250 g Doppelrahmfrischkäse
250 g Magerquark
125 g Gouda, fein gerieben
1 TL Paprikapulver, edelsüß
50 ml Milch
etwas Zitronensaft
Pfeffer

Zubereitungszeit
30 Minuten

1. Die Kartoffeln waschen und in einen breiten Topf geben. Mit kaltem Wasser bedecken und Kümmel zugeben. Bei starker Hitze zum Kochen bringen und bei mittlerer Hitze in 25 bis 30 Min. weich kochen. Garprobe: Mit einem spitzen Messer einstechen; wenn das ganz leicht geht, sind die Kartoffeln fertig. Andernfalls noch ein paar Minuten weiterkochen.

2. Rosenkohl waschen und die Stielenden abschneiden. Welke Blätter ggf. abschneiden (siehe Seite 14). Das Öl in einem breiten Topf erhitzen. Rosenkohl für ein paar Min. unter ständigem Rühren rundum anbraten, damit er leicht Farbe bekommt. So viel Wasser zugeben, dass der Rosenkohl gerade eben bedeckt ist. Muskatnuss und gekörnte Brühe zugeben und umrühren. Den Topf schließen und den Rosenkohl in etwa 15 bis 20 Min. bei schwacher Hitze bissfest kochen. Garprobe: Mit einem spitzen Küchenmesser einstechen. Geht das ganz leicht, ist er fertig.

3. Inzwischen für die Käsecreme Frischkäse, Quark, Gouda, Paprikapulver, Milch, Zitronensaft und Pfeffer miteinander verrühren.

4. Kartoffeln abgießen und pellen. Den Rosenkohl abgießen und zusammen mit den Pellkartoffeln und der Käsecreme servieren.

TIPP Die Creme schmeckt auch als Aufstrich auf frischem Vollkornbrot oder als Rohkostdip zu Möhren, Gurken, Bleichsellerie oder Paprikasticks.

Kartoffel-Lauch-Auflauf

1. Kartoffeln waschen, schälen und mit einem Gemüsehobel in dünne Scheiben schneiden. Lauch putzen, das grobe, dunkle Lauchgrün entfernen, den weißen, hellgrünen Teil waschen und in dünne Ringe schneiden (siehe Seite 13).

2. Den Backofen auf 180 °C (Umluft 160 °C) vorheizen. 2 kleinere Auflaufformen bereitstellen. 1 Lage Kartoffelscheiben einschichten, salzen und mit etwas Muskatnuss bestäuben. Einige Lauchringe darauflegen und mit etwas Käse bestreuen. Das Ganze so oft wiederholen, bis alle Zutaten verbraucht sind. Die letzte Schicht sollte Käse sein.

3. Die Milch darüber gießen. Die Formen auf den Rost (Mittelschiene) stellen und den Auflauf 50 bis 55 Min. backen. Garprobe machen: Mit einem dünnen, spitzen Küchenmesser einstechen. Wenn das ganz leicht geht, ist der Auflauf fertig.

INFO Lauch, auch Porree genannt, ist ein sehr vielseitiges Gemüse und ganzjährig erhältlich. So versorgt er uns besonders in den gemüseärmeren Wintermonaten mit wertvollen Inhaltsstoffen wie z. B. Eisen, das der Körper für die Energiegewinnung benötigt. Lauch liefert reichlich Kalium für Nerven und Muskeln. Die schwefelhaltigen ätherischen Öle machen ihn zu einem sehr gesunden Gemüse, denn sie fördern die Verdauung und wirken entzündungshemmend. Die Stangen des Sommerlauchs sind etwas dünner, sein Geschmack ist im Vergleich zum Winterlauch etwas zarter und milder. Sommerlauch wird auch gerne roh gegessen.

Für 4 Personen

1 kg Kartoffeln, festkochend
2 mittelgroße Stangen Lauch
Kräutersalz
Muskatnuss, gerieben
120 g Emmentaler, gerieben
500 ml Milch

Zubereitungszeit
20 Minuten

Backzeit
50 – 55 Minuten

Kartoffel-Zucchini-Gratin

Für 4 Personen

Fett für die Auflaufform
800 g gekochte Kartoffeln
600 g Zucchini
6 Frühlingszwiebeln,
alternativ 1 große Zwiebel
2 EL Olivenöl
1 Ei (Größe L)
160 g Sauerrahm, mind. 20 %
1 TL Rosmarin, getrocknet
1 TL Salz
Pfeffer
150 g Mozzarella
(alternativ Schafskäse)
4 – 6 Tomaten
4 EL Gouda, gerieben

Zubereitungszeit
30 Minuten

Backzeit
35 Minuten

1. Gekochte Kartoffeln pellen. Zucchini waschen, die Enden abschneiden. Beides auf einer Raspel separat grob reiben. Frühlingszwiebeln putzen, waschen und in Ringe schneiden (siehe Seite 12).

2. Öl in einer großen Pfanne erhitzen. Frühlingszwiebeln darin in ca. 3 Min. leicht glasig dünsten. Zucchiniraspel zugeben und ca. 5 Min. bei mittlerer bis starker Hitze dünsten. Von der Kochstelle nehmen.

3. Den Backofen auf 180 °C (Umluft 160 °C) vorheizen. Eine Auflaufform einfetten.

4. Ei, Sauerrahm, Rosmarin, Salz und Pfeffer mit einem Schneebesen miteinander verschlagen. Über die geraspelten Kartoffeln geben und alles gut durchmischen.

5. Den Kartoffelteig in die gefettete Auflaufform geben und gleichmäßig glatt streichen. Zucchiniraspel darauf verteilen und glatt streichen. Mozzarella in dünne Scheiben schneiden. Bei Verwendung von Schafskäse diesen zerbröseln und darüber streuen.

6. Tomaten waschen und halbieren. Den grünen Stielansatz entfernen (siehe Seite 16), in Scheiben schneiden und auf der Zucchini-Käse-Masse verteilen. Gouda darüber streuen. Im vorgeheizten Backofen 30 bis 35 Min. backen, bis der Auflauf goldbraun ist.

ALTERNATIVE Sie können auch rohe Kartoffeln verwenden: Diese schälen, reiben und mit dem Ei-Sauerrahm-Gemisch vermengen. Im Backofen bei 200 °C (Umluft 160 °C) ca. 30 Min. vorbacken. Danach mit dem Belag wie oben beschrieben fortfahren.

Smoothies

Smoothies sind Powerdrinks der Extraklasse – und das aus vielerlei Gründen.
Sie sind sehr schnell und unkompliziert zubereitet und liefern wertvolle Vitamine und Mineralstoffe in konzentrierter Form. Für Smoothies benötigen Sie lediglich einen Mixer oder Pürierstab – und los geht das Vergnügen.
Smoothies lassen sich aus Gemüse, Salat und Obst zubereiten und sind eine perfekte Zwischenmahlzeit. Wer übrigens sein Gewicht reduzieren möchte, kann hin und wieder auch eine ganze Mahlzeit durch einen frisch gemixten Smoothie ersetzen. Sie sind besonders gesunde Abnehmhelfer, denn sie versorgen den Körper mit wichtigen Inhaltsstoffen, sättigen angenehm und liefern zudem nur wenig Kalorien.

VEGAN

Rucola-Mandel-Mix

Ergibt 400 ml

60 g Rucola
2 TL Mandelmus
Saft von 1 Orange (100 ml)
1 TL Zitronensaft

Zubereitungszeit 10 Minuten

Rucola waschen und trocken schütteln. Alle Zutaten sowie 250 ml Wasser in ein hohes Gefäß geben und mit dem Pürierstab fein mixen. Sofort servieren.

Mandel-mus

Salat-Avocado-Smoothie

VEGAN

Ergibt 500 ml

50 g Kopf- oder anderer Blattsalat
½ Apfel
½ Avocado
3 – 4 Erdbeeren (TK oder frisch)

Zubereitungszeit 10 Minuten

Salat waschen und trocken schütteln und die Blattrippen entfernen (siehe Seite 15). Apfel waschen, schälen, Stiel und Kerngehäuse entfernen und das Fruchtfleisch grob zerkleinern. Avocado schälen (siehe Seite 10), das Fruchtfleisch zusammen mit Salat, Erdbeeren, Apfel und 250 ml Wasser in ein hohes Gefäß geben und mit dem Pürierstab fein mixen. Sofort servieren.

Spinat-Bananen-Smoothie

VEGAN

Ergibt 500 ml

60 g Spinat
1 kleiner Apfel
½ kleine Banane
1 TL Zitronensaft

Zubereitungszeit 10 Minuten

Spinat waschen, trocken schütteln und grobe Stiele entfernen (siehe Seite 15). Apfel waschen, schälen, Stiel und Kerngehäuse entfernen und das Fruchtfleisch grob zerkleinern. ½ Banane in große Stücke teilen. Spinat, Apfel, Banane, Zitronensaft und 200 ml Wasser in ein hohes Gefäß geben und mit dem Pürierstab fein mixen. Sofort servieren.

Kiwi-Kopfsalat-Smoothie

VEGAN

Ergibt 500 ml

60 g Kopf- oder anderer Blattsalat
1 reife Kiwi
1 Pfirsich
1 TL Zitronensaft

Zubereitungszeit 10 Minuten

Salat waschen, trocken schütteln, Mittelrippe entfernen (siehe Seite 15). Kiwi schälen und vierteln. Pfirsich waschen, grob zerteilen und den Kern entfernen. Alle Zutaten mit 250 ml Wasser in ein hohes Gefäß geben und mit dem Pürierstab mixen. Sofort servieren.

VEGAN

Feldsalat-Mango-Mix

Ergibt 400 ml

60 g Feldsalat
½ Mango
1 TL Limettensaft
1 Prise Salz

Zubereitungszeit 10 Minuten

Salat waschen und putzen (siehe Seite 11). Mango schälen, grob zerkleinern. Salat, Mango, Limettensaft, Salz und 200 ml Wasser in ein hohes Gefäß geben und mit dem Pürierstab mixen. Sofort servieren.

Römersalat- Birne-Smoothie

VEGAN

Ergibt 500 ml

60 g Römersalat
1 reife Birne, mittelgroß
1 TL Ahornsirup
1 Prise Zimt

Zubereitungszeit 10 Minuten

Salat waschen, trocken schütteln, Mittelrippe entfernen (siehe Seite 15). Birne waschen, grob zerteilen und Stiel und Kerngehäuse entfernen. Alle Zutaten mit 200 ml Wasser in ein hohes Gefäß geben und mit dem Pürierstab fein mixen. Sofort servieren.

TIPP Die Smoothierezepte in diesem Buch können Sie alle beliebig variieren. Mit ein wenig Übung reicht vermutlich schon ein Blick in den Kühlschrank, um den nächsten Lieblingssmoothie zu kreieren.

TIPP Smoothies sind eine der köstlichsten und gesündesten Resteverwertungen, die es gibt.

TIPP Abgefüllt in Flaschen oder Schraubdeckelgläser lassen sie sich auch gut an den Arbeitsplatz oder für unterwegs mitnehmen.

TIPP Smoothies sind auch Kindern sehr willkommen. So lassen sich sonst unbeliebte Gemüsesorten mit neuer Freude (unbemerkt) genießen.

Greek Burger

Für 4 Personen

2 Packungen Feta
(Schafskäse) à 200 g
2 – 3 Eier (Größe M)
Pfeffer
6 EL Paniermehl
2 mittelgroße Tomaten
½ Salatgurke
1 Zwiebel
8 Blätter Kopf- oder
anderer Blattsalat
4 Pitabrote
Olivenöl zum Braten
4 EL Olivenringe, eingelegt
1 Becher Tsatsiki (ca. 200 g)

**Zubereitungszeit
30 Minuten**

1. Die beiden Fetastücke zuerst jeweils der kurzen Seite nach halbieren, dann die Stücke »horizontal« halbieren, sodass man 8 Stücke erhält.

2. Eier in einen tiefen Teller geben und mit einer Gabel verquirlen. Mit Pfeffer kräftig würzen. Paniermehl in einen zweiten tiefen Teller geben. Den Schafskäse nun zuerst durch das Ei ziehen, dann im Paniermehl wenden. Die Panade leicht andrücken.

3. Tomaten und Gurke waschen und in Scheiben schneiden. Zwiebel abziehen und in Ringe schneiden. Salatblätter waschen und trocken schütteln. Das Pitabrot vierteln und in jedes Stück vorsichtig eine Tasche schneiden.

4. Olivenöl in einer beschichteten Pfanne sehr heiß werden lassen. Den panierten Käse im heißen Fett auf einer Seite 3 bis 4 Min. anbraten, vorsichtig wenden und bei starker bis mittlerer Hitze die andere Seite goldbraun braten. Herausnehmen.

5. Nun die Pitabrote füllen: Zuerst Salatblätter, dann ausgebackenen Schafskäse, Tomaten, Gurken, Zwiebeln und Olivenringe einschichten. Zum Schluss Tsatsiki daraufgeben und genießen.

TIPP Wer die Gelegenheit hat, in einem türkischen Supermarkt einkaufen zu gehen, kann den Greek Burger anstelle mit Pitabroten auch mit Fladenbrot zubereiten. Dafür das Fladenbrot vierteln, jedes Stück quer einschneiden und diese Tasche mit den oben beschriebenen Zutaten füllen.

Asia Burger

Für 4 Personen

400 g Tofu, natur
(z. B. von Alnatura)
6 EL Sojasauce
2 mittelgroße Möhren
4 Frühlingszwiebeln
4 große Salatblätter
300 g Austernpilze
2 EL Olivenöl
Salz
4 weiche Burgerbrötchen
½ TL Cayennepfeffer
1 TL Kurkumapulver
4 EL Sesamsamen
4 EL Speisestärke
Öl zum Ausbraten
(Sesam- oder Olivenöl)
Satésauce, Asiasauce oder
Ketchup nach Belieben

Zubereitungszeit
30 Minuten

Marinierzeit
2 Stunden

1. Den Tofu in 4 gleich dicke Scheiben schneiden. Die Hälfte der Sojasauce in ein Behältnis mit Deckel geben. Tofu hineingeben, den Rest der Sojasauce darüber gießen und das Behältnis verschließen. Den Tofu im Kühlschrank ca. 2 Stunden marinieren lassen.

2. Möhren gründlich waschen und putzen. Mit einem Sparschäler längs in dünne Streifen schneiden (siehe Seite 13). Frühlingszwiebeln waschen, putzen und schräg in Ringe schneiden (siehe Seite 12). Salatblätter waschen, putzen und trocken schütteln.

3. Austernpilze putzen und längs in ca. 1 cm breite Scheiben schneiden (siehe Seite 10). Olivenöl in einer beschichteten Pfanne erhitzen und die Pilze darin rundherum knusprig braten. Etwas salzen, dann herausnehmen.

4. Die Burgerbrötchenhälften nach und nach toasten. Die Tofuscheiben aus der Marinade nehmen, leicht abtropfen lassen und mit Cayennepfeffer und Kurkuma würzen. Sesam darüber streuen und die Speisestärke gleichmäßig über die Tofuscheiben sieben.

5. Das Öl in einer beschichteten Pfanne sehr heiß werden lassen. Die Tofuscheiben darin von jeder Seite 4 Min. knusprig braten (Anmerkung: Das Öl muss sehr heiß sein, damit der Tofu nicht am Pfannenboden festklebt). Aus der Pfanne nehmen.

6. Zum Schluss die Asia Burger wie folgt zusammenschichten: erste Schicht Salatblätter, dann den gebratenen Tofu daraufsetzen, Möhrenstreifen, Frühlingszwiebelröllchen und Austernpilze daraufgeben. Zum Schluss die zweite Brötchenhälfte daraufsetzen und wahlweise mit Saté-, Asiasauce oder Ketchup genießen.

Möhrenpizza mit Kräuterfrischkäse

1. Den Backofen auf 200 °C (Umluft 180 °C) vorheizen. Das Blech mit einem Pinsel einölen. Pizzateig mit etwas Mehl auf die Größe des Backblechs ausrollen, auf das Blech legen und dabei einen kleinen Rand an den Seiten formen.

2. Möhren waschen, gründlich putzen und mit einem Hobel in dünne Scheiben schneiden. Zwiebeln abziehen, halbieren und in feine Ringe schneiden. Kräuterfrischkäse auf dem Pizzateig gleichmäßig verstreichen. Möhren, Zwiebeln und Mandeln darauf verteilen und mit dem Käse bestreuen. Zum Schluss kräftig pfeffern.

3. Die Pizza im vorgeheizten Backofen auf der mittleren Schiene in 25 Min. goldbraun backen.

Für 1 großes Blech

1 Fertigpizzateig für 1 Blech (aus dem Kühlregal)
1 EL Öl für das Blech
etwas Mehl zum Ausrollen
400 g Möhren
2 rote Zwiebeln
200 g Kräuterfrischkäse
20 g Mandeln, gehackt
120 g Emmentaler, gerieben
Pfeffer

Außerdem: Teigroller

Zubereitungszeit 20 Minuten

Backzeit 25 Minuten

Einfacher Pizzateig

1. Alle Zutaten in eine Schüssel geben und mit den Knethaken eines Rührgeräts zu einem gleichmäßigen Teig kneten. Er sollte sich dabei gut vom Schüsselrand ablösen. Ggf. noch etwas Mehl zugeben. Sollte er zu trocken sein, vorsichtig noch etwas lauwarmes Wasser zufügen.

2. Zugedeckt an einem warmen Ort ca. 30 Min. gehen lassen. Fertig!

TIPP Der Teig sollte keine Zugluft bekommen. Sollte er nicht perfekt aufgehen, kein Problem! Dünne Pizzateige mögen manche sogar lieber. Geschmacklich ist selbst gemachter Teig immer ein Hit!

Für 1 großes Blech

320 g Mehl (Type 1050 oder Vollkornmehl)
½ Päckchen Trockenhefe (4 g)
1 TL Salzwasser
2 EL Öl
200 – 250 ml lauwarmes Wasser

Außerdem:
Handrührgerät mit Knethaken

Zubereitungszeit 10 Minuten

Gehzeit 30 Minuten

Spargelpizza mit Ricotta

Für 1 großes Blech

1 Fertigpizzateig für 1 Blech
(aus dem Kühlregal)
1 EL Öl für das Blech
etwas Mehl zum Ausrollen
400 g grüner Spargel
200 g Cocktailtomaten
200 g Ricotta
120 g Emmentaler, gerieben
Pfeffer

Außerdem:
Teigroller

Zubereitungszeit
20 Minuten

Backzeit
25 Minuten

1. Den Backofen auf 200 °C (Umluft 180 °C) vorheizen. Das Blech mit einem Pinsel einölen. Pizzateig mit etwas Mehl auf die Größe des Backblechs ausrollen, auf das Blech legen und dabei einen kleinen Rand an den Seiten formen.

2. Spargel waschen, das untere Drittel schälen und holzige Enden dünn abschneiden. Die Spargelstangen schräg in etwa 0,5 cm breite Scheiben schneiden (siehe Seite 15). Tomaten waschen und halbieren.

3. Den Ricotta auf dem Pizzateig gleichmäßig verstreichen. Spargel und Tomaten darauf verteilen und mit dem Käse bestreuen. Zum Schluss kräftig pfeffern.

4. Die Pizza im vorgeheizten Backofen auf der mittleren Schiene in 25 Min. goldbraun backen.

TIPP Wer den Teig selbst zubereiten möchte, kann dem Pizzateigrezept auf Seite 45 folgen.

ALTERNATIVE Im Prinzip kann die Pizza beliebig belegt werden, je nach persönlichen Vorlieben. Gut schmecken auch folgende Kombinationen: Zucchinistifte mit Tomaten, Spalten vom Hokkaidokürbis mit frischem Rosmarin oder blanchierter Spinat mit Champignons und Cocktailtomaten.

Überbackene Pfannkuchen mit Brokkoli

Für 4 Personen

Für die Pfannkuchen:
330 g Vollkornmehl
4 Eier (Größe M)
600 ml Milch
½ TL Salz
Olivenöl zum Ausbacken

Für die Füllung:
700 g Brokkoli
500 ml Gemüsebrühe
2 EL Butter
2 EL Vollkornmehl
2 EL Milch
Pfeffer
100 g Mandelblättchen
100 g Emmentaler, gerieben

Außerdem:
Handrührgerät mit Quirlen

Zubereitungszeit
45 Minuten

Backzeit
10 Minuten

1. Alle Zutaten für die Pfannkuchen in eine Schüssel geben und mit den Quirlen eines Handrührgeräts einen gleichmäßigen Teig rühren. Den Teig 10 Min. stehen lassen.

2. Brokkoli waschen und die Röschen vom Stiel schneiden. Stiele mit einem Messer schälen und in ½ cm dicke Scheiben schneiden (siehe Seite 11). Den Brokkoli in der Brühe in etwa 5 Min. bissfest kochen.

3. Brokkoli abgießen, dabei die Brühe auffangen. Butter erhitzen und Mehl nach und nach einrühren. Mit etwas Brühe ablösen, dabei kräftig mit einem Schneebesen rühren, damit keine Klümpchen entstehen. Nach und nach die restliche Brühe sowie die Milch zugießen. Unter ständigem Rühren einmal aufkochen lassen, pfeffern, Brokkoli zugeben und alles von der Kochstelle nehmen.

4. Je 1 TL Öl in einer Pfanne erhitzen. Aus dem Teig nach und nach 8 Pfannkuchen ausbacken. Die Pfannkuchen auf einen großen Teller stapeln. Ofen auf 170 °C (Umluft 150 °C) vorheizen. Eine große, feuerfeste Form mit etwas Öl einfetten. Etwas Brokkolisauce auf dem Boden der Form verteilen.

5. Nun die Pfannkuchen füllen: Ein Viertel eines Pfannkuchens mit Brokkolisauce bedecken. Den Pfannkuchen zu Hälfte einschlagen, dann erneut zusammenklappen, dabei die Füllung einschlagen. Vorsichtig in die Form setzen und mit den nächsten Pfannkuchen ebenso verfahren. Übrige Sauce zum Schluss darüber geben.

6. Mandelblättchen in einer Pfanne ohne Fett unter ständigem Rühren goldbraun rösten und zusammen mit dem Käse über die Pfannkuchen streuen. Im heißen Backofen ca. 10 Min. backen, bis der Käse geschmolzen ist.

Gefüllte Pfannkuchen mit Champignons

1. Alle Zutaten für die Pfannkuchen in eine Schüssel geben und mit den Quirlen eines Handrührgeräts einen gleichmäßigen Teig rühren. Den Teig 10 Min. stehen lassen.

2. Champignons evtl. mit einem Küchentuch abreiben und in Scheiben (0,5 cm) schneiden (siehe Seite 11). Zwiebeln und Knoblauch abziehen und in feine Würfel schneiden (siehe Seite 16).

3. Olivenöl in einem breiten Topf erhitzen und die Zwiebeln darin glasig dünsten. Knoblauch zugeben und leicht anbraten. Er darf nicht braun werden. Die Champignons dazugeben und ebenfalls braten, bis die Flüssigkeit verdampft ist und die Pilze leicht braun geworden sind. Pilze mit Mehl bestäuben und mit Milch und 350 ml Wasser ablöschen. Mit Salz und Pfeffer würzen. Bei kleinster Hitze zugedeckt stehen lassen. Backofen auf 150 °C (Umluft 130 °C) vorheizen.

4. Je 1 TL Öl in einer Pfanne erhitzen. Aus dem Teig nach und nach 8 Pfannkuchen ausbacken. Die Pfannkuchen auf einen großen Teller stapeln, abdecken und im heißen Backofen warmhalten.

5. Champignonsauce nach Belieben abschmecken. Mit Petersilie bestreuen und zusammen mit den Pfannkuchen servieren.

Für 4 Personen

Für die Pfannkuchen:
330 g Vollkornmehl
4 Eier (Größe M)
600 ml Milch
½ TL Salz
Olivenöl zum Ausbacken

Für die Füllung:
900 g Champignons
3 Zwiebeln
1 Knoblauchzehe
2 EL Olivenöl
2 EL Vollkornmehl
200 ml Milch
Salz, Pfeffer
1 EL Petersilie, gehackt

Außerdem:
Handrührgerät mit Quirlen

Zubereitungszeit
30 Minuten

Gratinierter Feta

Für 4 Personen

4 große Zwiebeln
3 EL Öl
2 Packungen Feta (Schafskäse); à 250 g
800 g Tomaten
3 TL Majoran, gerebelt
frisches Brot als Beilage

Zubereitungszeit
15 Minuten

Backzeit
30 Minuten

1. Zwiebeln halbieren, abziehen und in Halbringe schneiden (siehe Seite 16). Öl in einer Pfanne erhitzen und die Zwiebeln darin bei geringer Hitze etwa 10 Min. anbraten.

2. Den Backofen auf 170 °C (Umluft 150 °C) vorheizen. Feta in grobe Würfel teilen. Tomaten waschen, vierteln und die Stielansätze entfernen (siehe Seite 16).

3. Feta, Tomaten und Zwiebeln abwechselnd in eine Auflaufform einschichten und großzügig mit Majoran würzen. Die Form in den heißen Backofen geben und alles 30 Min. überbacken, bis der Feta leicht zerläuft.

4. Nach Belieben mit frisch gemahlenem Pfeffer aus der Mühle bestreuen. Mit dem Brot servieren.

TIPP Wer geschmacklich gerne etwas knackigere Zwiebeln mag, kann sich das Anbraten sparen und gleich die rohen Zwiebelringe über Tomaten und Schafskäse streuen. Die Backzeit bleibt die gleiche. Und der gratinierte Feta ist dann noch schneller und einfacher zubereitet.

Gefüllte Riesenchampignons

Für 4 Personen

16 Riesenchampignons
2 Zwiebeln
1 Knoblauchzehe
6 EL Öl
500 g TK-Spinat
Öl für die Form
2 TL Zitronensaft
200 g Feta (Schafskäse)
200 g Hüttenkäse
60 g getrocknete
Tomaten in Öl
Pfeffer
frisches Brot als Beilage

Außerdem:
Pinsel zum Einfetten

Zubereitungszeit
35 Minuten

Back-/Grillzeit
20 Minuten

1. Die Champignons wenn nötig mit einem angefeuchteten Küchentuch abreiben (siehe Seite 11). Die Stiele anschneiden, herausdrehen und in Scheiben schneiden. Beiseite stellen.

2. Zwiebeln und Knoblauch abziehen. Zwiebeln würfeln (siehe Seite 16), Knoblauch fein hacken. 3 EL Öl in einem mittelgroßen Topf erhitzen, Zwiebel- und Knoblauchwürfel sowie die Pilzstiele 4 Min. bei mittlerer Hitze darin anbraten. Den tiefgekühlten Spinat und 5 EL Wasser zugeben. Den Topf zudecken und den Spinat bei mittlerer Hitze auftauen lassen. Das dauert etwa 5 bis 8 Min.

3. Eine feuerfeste Form mit etwas Öl einpinseln und die Pilze nebeneinander einlegen. Zitronensaft und 3 EL Öl miteinander verrühren und die Innenseite der Pilze damit bepinseln.

4. Den Spinat ausdrücken und in eine Schüssel geben. Zerbröselten Schafs- und Hüttenkäse zugeben. Getrocknete Tomaten abtropfen lassen (dabei das Öl auffangen) und in kleine Stücke schneiden. Tomaten zum Spinat geben und alles miteinander verrühren. Mit Pfeffer abschmecken (Salz braucht man keines, der Schafskäse würzt ausreichend).

5. Den Backofen auf 200 °C (Umluft 180 °C) vorheizen. Die Pilzhüte mit der Spinat-Schafskäse-Masse füllen und diese etwas festdrücken. Sollte Füllung übrig bleiben, einfach neben die Pilze in die Form geben.

6. Die gefüllten Pilze mit etwas Tomatenöl beträufeln, in den heißen Backofen geben und auf der mittleren Schiene etwa 20 Min. backen, bis sie goldbraun sind. Mit frischem Brot servieren.

Linsenquiche mit Blätterteig

1. Die Linsen in einem mittelgroßen Topf in kochendem Wasser nach Packungsanleitung garen. Abgießen und abtropfen lassen.

2. Frühlingszwiebeln putzen, waschen und in Ringe schneiden (siehe Seite 12). Den Fenchel waschen, putzen, halbieren und in etwa 1 cm große Würfel schneiden (siehe Seite 12). Paprikaschoten der Länge nach vierteln. Stiel, Trennwände und Kerne mit einem kleinen Messer entfernen. Paprikaviertel waschen und würfeln (siehe Seite 14).

3. Das Öl in einer Pfanne erhitzen. Frühlingszwiebeln, Fenchel und Paprika darin bei mittlerer Hitze anbraten, bis das Gemüse leicht bräunlich wird (ca. 4 Min.). In eine große Schüssel füllen. Die Maiskörner abtropfen lassen und zusammen mit den gekochten Linsen zum angebratenen Gemüse geben. Mit Salz, Pfeffer, Kurkuma oder Currypulver und Paprikapulver würzen und beiseite stellen.

4. Backofen auf 200 °C (Umluft 180 °C) vorheizen. Blätterteig auf etwas Mehl zu einem Rechteck (30 x 33 cm) ausrollen. Eine Springform mit dem Teig auslegen, einen hohen Rand formen und die Linsen-Mais-Paprika-Mischung gleichmäßig darauf verteilen. Sahne, Milch und Eier mit dem Schneebesen gründlich miteinander verquirlen. Mit etwas Salz und Pfeffer würzen. Den Guss über die Linsenfüllung gießen. Darauf achten, dass der Teig höher ist als die Füllung.

5. Die Quiche im heißen Backofen auf der mittleren Schiene 30 Min. backen. Aus dem Backofen nehmen, den Teig mit einem Messer vorsichtig vom Rand lösen. Die Springform öffnen und die Quiche in Stücke schneiden.

TIPP Dazu passt ein knackiger, grüner Salat mit Tomaten und Vinaigrette-Dressing (siehe Seite 83).

Für 4 Personen

250 g rote Linsen
5 Frühlingszwiebeln
1 Fenchelknolle, klein
2 rote Paprikaschoten
2 EL Öl
½ Dose Maiskörner (140 g)
Salz, Pfeffer
1 TL Kurkuma oder Currypulver
1 TL Paprikapulver, edelsüß
1 Rolle Blätterteig (275 g)
100 g Sahne
100 ml Milch
3 Eier (Größe M)

Außerdem:
1 Springform (28 cm ø)

Zubereitungszeit
25 Minuten

Backzeit
30 Minuten

Brotaufstriche

Kichererbsenaufstrich

Ergibt 1 Glas (370 ml)

1 kleine Dose Kichererbsen
(265 g Füllmenge)

½ Knoblauchzehe

1 EL Sesamöl
(ersatzweise Olivenöl)

2 EL Zitronensaft

2 TL Tahin (Sesampaste;
erhältlich im Bioladen)

½ TL Salz, Pfeffer

½ TL Kreuzkümmel, gemahlen

½ TL Paprikapulver, edelsüß

⅛ l Gemüsebrühe

Für den Belag:
4 Champignons
2 EL Olivenöl

**Zubereitungszeit
15 Minuten**

1. Kichererbsen abtropfen lassen. Knoblauch abziehen und durch eine Presse drücken. Alle Zutaten für den Aufstrich in ein hohes Gefäß geben und mit einem Pürierstab gründlich miteinander mixen. Falls die Masse zu trocken ist, noch etwas Gemüsebrühe dazugeben.

2. Pilze putzen und in Scheiben schneiden (siehe Seite 11). Öl in einer Pfanne erhitzen und die Pilze darin goldbraun anbraten. Über den Aufstrich geben und servieren.

TIPP Passt sehr gut zu Fladenbrot und zu Gurkensticks. Hält sich in einem Glas mit Schraubverschluss 1 bis 2 Tage im Kühlschrank.

Auberginen-Mandel-Aufstrich

1. Den Backofen auf 180 °C (Umluft 160 °C) vorheizen. Das Backblech mit Backpapier belegen. Die Auberginen waschen, den Stielansatz abschneiden, längs halbieren (siehe Seite 10) und mit der Schnittfläche auf das Backpapier setzen. Die Haut mit einer Gabel mehrmals einstechen.

2. Auberginen im heißen Ofen auf der mittleren Schiene ca. 45 Min. backen. Nach 20 Min. Garzeit die Zwiebeln abziehen, vierteln, zu den Auberginen geben und diese fertig garen.

3. Knoblauch abziehen. Das weiche Fruchtfleisch der Auberginen aus der Haut herauskratzen und mit den Zwiebeln pürieren. Knoblauch durch eine Presse dazudrücken. Öl, Mandeln, Salz, Pfeffer, Kreuzkümmel und Zitronensaft zugeben und alles gut miteinander verrühren.

4. Kurz vor dem Servieren die gehackte Petersilie einrühren und dekorativ über den Aufstrich streuen.

TIPP Passt aufs Brot, zu Rohkoststicks (Gurke, Möhre), zu Tomaten oder Gemüsespießen vom Grill bzw. aus der Pfanne. Hält sich in einem Glas mit Schraubverschluss 1 bis 2 Tage im Kühlschrank.

Ergibt 1 Glas (500 ml)

700 g Auberginen

2 Zwiebeln

1 Knoblauchzehe

1 EL Raps-, Lein- oder Olivenöl

30 g gemahlene Mandeln (4 EL, gehäuft)

Salz, Pfeffer

1 Prise Kreuzkümmel

1 TL Zitronensaft

2 EL gehackte Petersilie

Außerdem:
Backpapier

Zubereitungszeit
15 Minuten

Backzeit
45 Minuten

VEGAN

Pilzaufstrich

Ergibt 1 Glas (360 ml)

400 g Champignons
2 mittelgroße Zwiebeln
2 EL Olivenöl
2 EL Sojasauce
1 EL Zitronensaft
½ TL Rosmarin, getrocknet
Pfeffer, Salz

Zubereitungszeit
20 Minuten

1. Champignons evtl. mit einem feuchten Küchenpapier abreiben und in Scheiben (0,5 cm) schneiden (siehe Seite 11). Zwiebeln abziehen und in Würfel schneiden (siehe Seite 16).

2. Öl in einer Pfanne erhitzen. Zwiebeln darin in etwa 4 Min. leicht glasig braten. Pilze dazugeben und braten, bis sie leicht bräunlich sind (ca. 5 Min.). Dabei mehrmals umrühren.

3. Pilze mit Sojasauce und Zitronensaft ablöschen. Mit Rosmarin und Pfeffer würzen. Die Masse in ein hohes Gefäß geben, mit dem Pürierstab fein mixen und abkühlen lassen. Nach Belieben abschmecken.

TIPP Hält sich im Kühlschrank 1 bis 2 Tage in einem Glas mit Schraubverschluss. Schmeckt lauwarm und kalt.

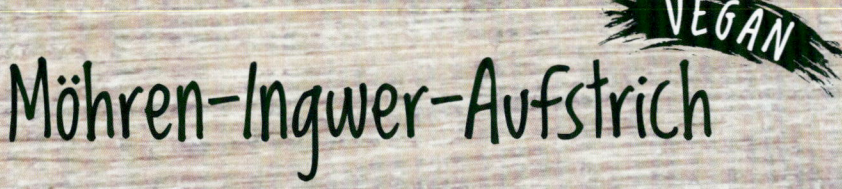

Möhren-Ingwer-Aufstrich

VEGAN

1. Möhren gründlich waschen, putzen und raspeln (siehe Seite 13). Zwiebeln abziehen und in kleine Würfel schneiden (siehe Seite 16).

2. Öl in einer Pfanne erhitzen, Zwiebeln zugeben und in 5 Min. glasig dünsten. Möhren zugeben und bei mittlerer Hitze etwa 10 Min. anbraten, bis sie weich sind und leicht bräunlich werden. Gegen Ende der Garzeit den Ingwer schälen, fein reiben und mit den Möhren leicht anbraten.

3. Orangensaft und Mandelmus zufügen und die Möhren mit Salz und Pfeffer würzen. Die Masse in ein hohes Gefäß füllen und mit einem Pürierstab sehr fein mixen. Nach Belieben abschmecken.

TIPP Passt gut aufs Brot, als Dip zu Ofenkartoffeln oder zu Rohkoststicks. Hält sich im Kühlschrank 1 bis 2 Wochen in einem Glas mit Schraubverschluss.

Ergibt 1 Glas (370 ml)

400 g Möhren
2 Zwiebeln
3 EL Sesamöl (ersatzweise Olivenöl)
1 Stück frischer Ingwer (2 cm)
2 EL Orangensaft
1 EL Mandelmus (erhältlich im Bioladen)
Salz, Pfeffer

Zubereitungszeit   30 Minuten

Paprikacreme

Ergibt 1 Glas (500 ml)

1 Zwiebel
½ Knoblauchzehe
3 rote Paprikaschoten
1 EL Olivenöl
2 EL Tomatenmark
2 TL italienische Kräuter,
getrocknet
4 EL gemahlene Mandeln
1 TL Salz, Pfeffer

Zubereitungszeit
35 Minuten

1. Zwiebel und Knoblauch abziehen und in Würfel schneiden (siehe Seite 16). Paprikaschoten der Länge nach vierteln. Stiel, Trennwände und Kerne entfernen. Paprikaviertel waschen und in Würfel schneiden (siehe Seite 14).

2. Öl in einer Pfanne erhitzen und die Zwiebel darin 4 Min. anbraten. Paprikawürfel zugeben und bei kleiner Hitze etwa 10 bis 15 Min. anbraten und kochen lassen, bis sie weich sind. Knoblauch zugeben und 3 Min. mitbraten.

3. Gemüse in ein hohes Gefäß geben und mit dem Pürierstab fein mixen. Tomatenmark, Kräuter, Mandeln, Salz und Pfeffer zugeben und gut untermixen. Abschmecken.

TIPP Passt gut zu frischem Brot und Ofenkartoffeln. Hält sich im Kühlschrank 1 bis 2 Wochen in einem Glas mit Schraubverschluss.

TIPP Die Paprikacreme schmeckt erhitzt auch sehr gut als Pastasauce.

Cremiger Ricottaaufstrich

1. Alle Zutaten gründlich miteinander vermischen und zu einer cremigen Masse verrühren.

2. Die Cocktailtomaten waschen und in Scheiben schneiden. Den Aufstrich auf Brotscheiben streichen und mit den Tomaten belegen.

TIPP Passt gut zu geröstetem Vollkornbrot. Hält sich in einem Glas mit Schraubverschluss 2 bis 3 Tage im Kühlschrank.

Ergibt 1 Glas (250 ml)

200 g Ricotta

2 EL Milch

2 EL gehackte Kräuter (z. B. Petersilie, Dill oder Basilikum; nach Belieben pur oder gemischt)

1 EL Parmesan, fein gerieben

Salz, Pfeffer

einige Cocktailtomaten

Zubereitungszeit
10 Minuten

VEGAN

Mediterraner Aufstrich

Ergibt 1 Glas (370 ml)

100 g Sonnenblumenkerne

60 g getrocknete
Tomaten in Öl

2 EL Öl von den Tomaten

8 grüne Oliven

1 TL italienische Kräuter,
getrocknet

Salz, Pfeffer nach Belieben

Zubereitungszeit
10 Minuten

Einweichzeit
1 Nacht

1. Die Sonnenblumenkerne über Nacht in reichlich kaltem Wasser einweichen (sie sollten gut bedeckt sein). Am nächsten Tag das Wasser abgießen, die Kerne gut abspülen und in ein hohes Gefäß geben.

2. Tomaten etwas abtropfen lassen, das Öl dabei auffangen, 2 EL Öl von den eingelegten Tomaten, die abgetropften Oliven, 50 bis 100 ml Wasser sowie die Kräuter zu den Sonnenblumenkernen geben und alle Zutaten mit dem Pürierstab gründlich mixen, bis eine sämige Creme entsteht.

3. Sparsam mit Salz und Pfeffer abschmecken: Oliven und Tomaten sind meist schon stark gewürzt.

TIPP Cocktailtomaten in feine Würfel schneiden, über den Aufstrich auf Brotscheiben geben und servieren. Hält sich im Kühlschrank 2 bis 3 Tage in einem Glas mit Schraubverschluss.

Kartoffel-Majoran-Aufstrich

1. Zwiebeln abziehen und würfeln (siehe Seite 16). Öl in einer Pfanne erhitzen und die Zwiebelwürfel darin 4 bis 5 Min. glasig dünsten. Apfel gründlich waschen, vierteln, Stiel und Kerngehäuse entfernen. Apfel fein reiben, zu den Zwiebeln geben und einige Min. mitdünsten.

2. Kartoffeln reiben. Zwiebel-Apfel-Gemisch, Zitronensaft, Majoran, Salz und Pfeffer zugeben und alles gründlich miteinander vermengen. Nach Belieben abschmecken.

TIPP Hält sich im Kühlschrank 2 bis 3 Tage in einem Glas mit Schraubverschluss.

Ergibt 1 Glas (370 ml)

1 große Zwiebel
1 EL Olivenöl
½ säuerlicher Apfel (z.B. Boskoop)
200 g gekochte Pellkartoffeln vom Vortag (am besten mehligkochende Sorte)
1 TL Zitronensaft
1 TL Majoran, gerebelt
Salz, Pfeffer

Zubereitungszeit 15 Minuten

Penne mit Spinat-Gorgonzola-Sauce

Für 4 Personen

Salz
400 g Penne
(oder andere kurze Nudeln;
Vollkornqualität)
2 Zwiebeln
1 Knoblauchzehe
2 EL Öl
500 g TK-Spinat
50 g Pinienkerne
1 EL Vollkornmehl
600 ml Milch
200 g Gorgonzola
20 g Parmesan, gerieben
Pfeffer

Zubereitungszeit
35 Minuten

1. In einem großen Topf reichlich Wasser zum Kochen bringen. Wasser salzen und die Nudeln hineingeben. Offen aufkochen, dann bei mittlerer Hitze nach Packungsanleitung bissfest garen.

2. Zwiebeln und Knoblauch abziehen. Zwiebeln würfeln (siehe Seite 16), Knoblauch fein hacken. Öl in einem mittelgroßen Topf erhitzen, Zwiebel- und Knoblauchwürfel 3 Min. bei starker bis mittlerer Hitze darin anbraten. Den tiefgekühlten Spinat und 5 EL Wasser zugeben. Den Topf zudecken und den Spinat bei kleiner bis mittlerer Hitze auftauen lassen. Das dauert etwa 6 Min.

3. Pinienkerne in einer beschichteten Pfanne ohne Fett leicht braun rösten. Vorsicht, ständig rühren und nicht verbrennen lassen! Die goldbraunen Pinienkerne aus der Pfanne nehmen.

4. Den aufgetauten Spinat mit dem Mehl bestäuben und umrühren. Milch zugeben. Den grob zerkleinerten Gorgonzola zugeben und zerlaufen lassen. Die Sauce 8 Min. bei kleiner Hitze köcheln lassen. Häufig umrühren, sonst brennt die Sauce an. Parmesan zugeben und die Sauce mit Pfeffer abschmecken.

5. Fertig gegarte Nudeln in ein großes Sieb abgießen, abtropfen lassen und mit der Spinat-Gorgonzola-Sauce und den gerösteten Pinienkernen servieren.

Bunter Nudelauflauf

1. Die Nudeln nach Packungsanweisung in Salzwasser sehr bissfest kochen. In ein großes Sieb abgießen.

2. Zwiebeln und Knoblauch abziehen und in Würfel schneiden (siehe Seite 16). Zucchini waschen, putzen, halbieren und in ½ cm dicke halbe Scheiben schneiden (siehe Seite 16). Tomaten waschen und halbieren.

3. Öl in einer beschichteten Pfanne erhitzen, Zucchini 3 bis 4 Min. darin dünsten. Mit Oregano, Salz und Pfeffer würzen. Tomatenhälften zufügen und gut vermischen. Beiseite stellen.

4. Backofen auf 200 °C (Umluft 180 °C) vorheizen. Mozzarella in kleine Würfel schneiden. Quark, Milch, Gorgonzola und Eier mit einer Gabel oder einem Schneebesen gleichmäßig verrühren.

5. Eine große Auflaufform einfetten. Abwechselnd die abgetropften Nudeln, das Zucchini-Tomaten-Gemüse, die Quark-Käse-Creme sowie die Mozzarellawürfel einschichten. Mit Letzterem aufhören. Den Auflauf im heißen Ofen etwa 25 Min. goldbraun überbacken.

TIPP Dazu passt grüner Blattsalat mit einem leckeren Dressing Ihrer Wahl von den Seiten 82 und 83.

Für 4 Personen

400 g Vollkornnudeln
(z.B. Penne, Fusilli oder
Makkaroni)
Salz
2 Zwiebeln
2 Knoblauchzehen
500 g Zucchini
500 g Cocktailtomaten
2 EL Olivenöl
1 TL Oregano, getrocknet
Pfeffer
1 Kugel Mozzarella (125 g)
250 g Magerquark
80 ml Milch
200 g Gorgonzola
2 Eier (Größe M)
Fett für die Auflaufform

Zubereitungszeit
20 Minuten

Backzeit
20 Minuten

Linguine mit Zitronen-Zucchini

Für 4 Personen

1 kleine Zwiebel
(rot oder weiß)

350 g Zucchini

4 EL Olivenöl

Salz

400 g Vollkorn-Linguine
(oder Spaghetti)

1 kleines Bund Basilikum
(alternativ Petersilie)

80 g getrocknete
Tomaten in Öl

2 EL Zitronensaft

50 g Pinienkerne

100 g Parmesan, gerieben

Pfeffer

Zubereitungszeit
35 Minuten

1. Zwiebel abziehen, halbieren und in feine Halbringe schneiden. Zucchini waschen, putzen und längs in Scheiben schneiden (ca. 1 cm). Die Scheiben quer in 1 cm lange Stifte schneiden (siehe Seite 16). 2 EL Öl in einer Pfanne erhitzen, Zwiebelringe 3 Min. bei mittlerer Hitze darin anbraten. Zucchinistifte zugeben und 6 Min. bei starker Hitze anbraten. Gemüse herausnehmen, auf Küchenpapier abtropfen lassen.

2. Reichlich Wasser zum Kochen bringen. Wasser salzen und die Linguine hineingeben. Offen aufkochen, dann bei mittlerer Hitze nach Packungsanweisung bissfest garen. Die Nudeln abgießen, dabei etwa 300 ml Nudelkochwasser auffangen. Linguine abtropfen lassen.

3. Kräuter waschen, trocken schütteln und fein hacken. Die Tomaten abtropfen lassen und in Würfel schneiden.

4. Zucchini und Zwiebeln in eine Schüssel geben und den Zitronensaft darüber gießen. 1 EL Kräuter, Tomaten und etwas Salz zugeben. Alles miteinander verrühren und einige Minuten ziehen lassen.

5. Pinienkerne in eine beschichtete Pfanne ohne Fett geben und unter ständigem Rühren in etwa 4 bis 5 Min. leicht rösten. Vorsicht, sie verbrennen unglaublich schnell!

6. Die Pfanne aus Schritt 1 mit 2 EL Olivenöl erhitzen. Linguine hineingeben. Zucchini, Tomaten sowie den Parmesan zufügen, etwas pfeffern und alles miteinander vermischen. Einige Min. in der heißen Pfanne ziehen lassen. Sollten die Nudeln zu trocken sein, etwas von dem zurückbehaltenen Nudelwasser dazugeben. Zum Schluss mit den restlichen Kräutern überstreut servieren.

VEGANTIPP Statt Parmesan gemahlene Mandeln verwenden.

Spaghetti mit Rucola und Tomaten

1. Die Nudeln nach Packungsanweisung in Salzwasser bissfest kochen. Abgießen und dabei etwa 250 ml Kochwasser auffangen.

2. Pinienkerne in einer großen beschichteten Pfanne ohne Öl leicht bräunlich rösten. Vorsicht: dabei ständig rühren – die Pinienkerne verbrennen sehr schnell! Aus der Pfanne nehmen und beiseite stellen.

3. Getrocknete Tomaten abtropfen lassen. Das Tomatenöl dabei auffangen. Tomaten in grobe Stücke hacken. Mozzarella abtropfen lassen und in kleine Würfel schneiden. Rucola waschen, trocken schütteln und die Blätter in ca. 3 cm lange Stücke schneiden. Die groben Stiele dabei entfernen.

4. Cocktailtomaten waschen und halbieren. Knoblauch abziehen.

5. In der Pfanne, in der die Pinienkerne geröstet wurden, 2 EL Tomatenöl erhitzen. Knoblauch durch eine Presse in die Pfanne drücken und heiß werden lassen. Gekochte Nudeln hineingeben, Mozzarella, getrocknete und frische Tomaten, Pinienkerne und Oliven zugeben, etwas zurückbehaltenes Nudelwasser angießen und alles gründlich miteinander vermengen. Mit Salz und Pfeffer würzen.

6. Zum Schluss Rucola unterheben und sofort mit geriebenem Parmesan bestreut servieren.

Für 4 Personen

500 g Vollkorn-Spaghetti
Salz
30 g Pinienkerne
80 g getrocknete
Tomaten in Öl
2 Kugeln Mozzarella (à 125 g)
1 Bund Rucola
100 g kleine Cocktailtomaten
1 Knoblauchzehe
1 Handvoll schwarze Oliven
Pfeffer
Parmesan, gerieben

Zubereitungszeit
30 Minuten

Gemüselasagne mit Tomatensauce

Für 4 Personen

4 Zwiebeln
4 Knoblauchzehen
1 Aubergine
2 mittelgroße Zucchini
(ca. 400 g)
2 rote Paprikaschoten
250 g Champignons
4 EL Öl + Öl für die
Auflaufform
2 Packungen passierte
Tomaten (2 x 500 g)
Salz
1 EL italienische Kräuter
Pfeffer
4 EL Kürbiskerne
1 Packung Béchamelsauce
(250 ml Füllmenge)
12 Lasagneplatten (ca. 260 g)
200 g Käse, gerieben
(z. B. Emmentaler)

Außerdem:
Pinsel zum Einfetten

Zubereitungszeit
45 Minuten
Backzeit
35 Minuten

1. 2 Zwiebeln und 2 Knoblauchzehen abziehen und in Würfel schneiden. Aubergine waschen, den Stielansatz entfernen, und der Länge nach achteln. Die Achtel in etwa 0,5 cm dicke Scheiben schneiden (siehe Seite 10). Zucchini waschen, putzen, längs vierteln und in etwa 1 cm breite Stücke schneiden (siehe Seite 16). Paprikaschoten der Länge nach achteln. Stiel, Trennwände und Kerne entfernen (siehe Seite 14). Champignons evtl. mit Küchenpapier abreiben, halbieren und in Scheiben (0,5 cm) schneiden (siehe Seite 11).

2. Für die Tomatensauce 2 Zwiebeln und 2 Knoblauchzehen abziehen und würfeln. 2 EL Öl in einem breiten Topf erhitzen und die Zwiebelwürfel darin bei mittlerer Hitze unter Rühren etwa 3 Min. braten. Passierte Tomaten zugeben und die Sauce etwa 15 Min. einkochen lassen. Mit Salz und Kräutern abschmecken.

3. 2 EL Öl erhitzen und die Zwiebelwürfel darin bei mittlerer Hitze unter Rühren etwa 3 Min. dünsten. Gemüse, Pilze und Knoblauch zugeben und alles 10 Min. bei mittlerer Hitze anbraten. Mit Salz und Pfeffer abschmecken. Die Kürbiskerne unterrühren. Alles beiseite stellen. Béchamelsauce erhitzen. Den Backofen auf 200 °C (Umluft 180 °C) vorheizen. Eine feuerfeste Auflaufform mit einem Pinsel einfetten.

4. Die 3 Saucen, Lasagneplatten und Käse nacheinander einfüllen: zuerst etwas Gemüsesauce, sodass der Boden gerade bedeckt ist. Dann ein paar Lasagneplatten auflegen. Tomatensauce zugeben, mit Béchamelsauce bedecken und etwas Käse daraufstreuen. Dann wieder mit der Gemüsesauce beginnen und so lange schichten, bis alles verbraucht ist. Mit Béchamelsauce und Käse abschließen. Die Lasagne in den heißen Ofen geben und in 35 Min. goldbraun backen. Garprobe: Mit einem spitzen Küchenmesser einstechen – wenn die Nudelplatten weich sind, ist die Lasagne fertig.

Spirelli mit Radicchio

1. Zwiebeln abziehen, halbieren und in feine Halbringe schneiden (siehe Seite 16). Knoblauch abziehen und in feine Würfel schneiden. Die Schale der Orangen mit einem Küchenmesser abschneiden. Das Fruchtfleisch in ca. 1 cm große Würfel schneiden.

2. In einem großen Topf reichlich Wasser bei starker Hitze aufkochen. Wasser salzen und die Nudeln hineingeben. Offen aufkochen, dann bei mittlerer Hitze nach Packungsanweisung bissfest garen. Die Nudeln abgießen, dabei etwa 200 ml Nudelkochwasser auffangen. Pasta abtropfen lassen.

3. Radicchio putzen, schlaffe oder verfärbte äußere Blätter ggf. entfernen. Den Salatkopf halbieren und in 1 cm breite Streifen schneiden (siehe Seite 14). Cashewkerne mit einem großen Messer grob hacken und in einer beschichteten Pfanne ohne Fett unter ständigem Rühren goldbraun rösten. Rucola waschen, trocken schütteln und in grobe Stücke hacken. Tomaten waschen und halbieren.

4. Öl in einer großen Pfanne erhitzen und Zwiebeln und Knoblauch darin glasig dünsten. Das Nudelwasser, Cashewkerne und Tomaten zugeben und einige Min. bei mittlerer Hitze einkochen lassen.

5. Nudeln, Orangenwürfel, etwas Parmesan, zerbröselten Feta und Pfeffer in die Pfanne geben, alles gründlich umrühren und ein paar Min. ziehen lassen. Zum Schluss Radicchiostreifen und Rucola zugeben und unterheben. Nach Belieben abschmecken. Zum Schluss mit Parmesan bestreuen und sofort servieren.

Für 4 Personen

3 Zwiebeln
1 Knoblauchzehe
2 unbehandelte Bio-Orangen
Salz
600 g Vollkorn-Spirelli
(oder Penne, Fusilli etc.)
2 kleine Köpfe Radicchio
5 EL Cashewkerne,
ungesalzen
½ Bund Rucola
400 g Cocktailtomaten
2 EL Olivenöl
80 g Parmesan, gerieben
100 g Feta (Schafskäse)
Pfeffer

Zubereitungszeit
30 Minuten

Linsengemüse mit Spätzle

Für 4 Personen

3 Zwiebeln
1 Knoblauchzehe
1 große Möhre
50 g Sellerie
½ Stange Lauch
2 EL Olivenöl
350 g braune Linsen
(Tellerlinsen)
2 Lorbeerblätter
2 Wacholderbeeren
400 g Spätzle
Salz
2 TL Instant-Gemüsebrühe
Pfeffer
4 EL Essig

Zubereitungszeit
55 Minuten

1. Zwiebeln abziehen und würfeln (siehe Seite 16). Knoblauch abziehen und fein würfeln. Möhre gründlich waschen, putzen und die Enden abschneiden. Der Länge nach halbieren und in 1 cm dicken Stücke schneiden (siehe Seite 13).

2. Sellerie putzen, waschen und in 1 cm breite Stücke schneiden. Den dunkelgrünen Teil vom Lauch abschneiden. Weiße und hellgrüne Teile längs halbieren, unter fließend kaltem Wasser abspülen und in 1 cm dicken Scheiben schneiden (siehe Seite 13).

3. Öl in einem großen Topf erhitzen. Zwiebeln darin etwa 4 Min. glasig dünsten. Knoblauch zufügen und kurz mitdünsten. Möhren, Sellerie und Lauch zugeben und alles unter ständigem Rühren etwa 5 Min. anbraten.

4. Linsen, 1 l Wasser, Lorbeerblätter und Wacholderbeeren zufügen und alles bei mittlerer Hitze mit geschlossenem Deckel etwa 40 Min. kochen, bis die Linsen weich sind.

5. Nach ca. 25 Min. die Spätzle in Salzwasser nach Packungsanweisung bissfest kochen. Nach Ende ihrer Kochzeit das Linsengemüse mit Brühe, Salz, Pfeffer und Essig würzen. Überschüssige Flüssigkeit evtl. abgießen, Lorbeerblätter entfernen und das Linsengemüse abschmecken. Zusammen mit den Spätzle servieren.

VEGANTIPP Wer vegan essen möchte, kann das Linsengemüse auch ohne Spätzle genießen. Dann zusätzlich etwa 300 g Kartoffeln, geschält und in Würfel geschnitten, mit dem restlichen Gemüse mitkochen.

Käsespätzle mit buntem Salat

1. Die Spätzle in reichlich Salzwasser nach Packungsanweisung kochen. Währenddessen die Zwiebeln abziehen, halbieren und in dünne Ringe schneiden. Das Öl erhitzen und die Zwiebeln bei schwacher Hitze in etwa 15 Min. goldbraun braten. Dabei gelegentlich umrühren.

2. Den Ofen auf 150 °C (Umluft 130 °C) vorheizen. Käse grob reiben oder klein würfeln. Fertig gegarte Spätzle abgießen und gut abtropfen lassen.

3. Spätzle und Käse abwechselnd in eine feuerfeste Form schichten. Jede Lage leicht mit Pfeffer bestreuen. Zum Schluss die gebräunten Zwiebeln auflegen. Das Ganze für etwa 10 Min. im heißen Backofen überbacken, bis der Käse geschmolzen ist.

4. Den Kopfsalat putzen und waschen (siehe Seite 15). Die Cocktailtomaten waschen und halbieren. Die Zutaten für das Dressing sowie 4 EL Wasser in ein Glas mit Deckel geben, schließen und kräftig schütteln. Den Salat anmachen und zu den Käsespätzle servieren.

Für 4 Personen

400 g Spätzle
Salz, Pfeffer
180 g Gouda
4 große Zwiebeln
3 EL Olivenöl

Für den Salat:
1 Kopfsalat
300 g Cocktailtomaten
8 EL Essig
3 EL Olivenöl
Salz, Pfeffer
½ TL Senf
1 TL Kräuter, gehackt
1 Msp. Zucker

Zubereitungszeit 30 Minuten
Backzeit 10 Minuten

Einfach: Selbst gemachte Spätzle

1. Alle Zutaten mit den Rührhaken eines Handmixers gründlich verkneten und 15 Min. ruhen lassen. Salzwasser zum Kochen bringen.

2. Den Spätzleteig mit einer Presse oder einem Hobel portionsweise ins kochende Wasser geben. Nicht umrühren! Sobald die Spätzle aufsteigen, sind sie fertig. Mit einem Schaumlöffel herausnehmen und im Sieb abtropfen lassen. Spätzle wie oben beschrieben verarbeiten.

Für 4 Personen:

500 g Weizenmehl Type 405
½ TL Salz
5 Eier
gut ¼ l lauwarmes Wasser

Außerdem:
Handrührgerät mit Rührhaken,
Spätzlehobel, Schaumlöffel

Zubereitunsgzeit 25 Minuten

Dressings

Für die selbst gemachten Salatdressings alle Zutaten in ein Schraubglas mit Deckel geben und schütteln, bis alles gut vermischt ist. Über den Salat geben und sofort servieren. Die Mengen pro Rezept reichen für eine Salatmenge für 4 Personen (also für 1 Kopf Salat oder ca. 400 g Feldsalat).

TIPP Selbst gemachte Dressings lassen sich am besten gleich auf Vorrat zubereiten. Sie halten sich im Kühlschrank mindestens 2 bis 3 Tage.

Cocktaildressing

Ergibt ca. 200 ml; für 1 Kopf Salat

4 gehäufte EL Sauerrahm
2 TL Tomatenmark
2 TL Zitronensaft
½ TL Salz
Pfeffer
2 TL Sojasauce
6 EL Wasser

Zubereitungszeit 5 Minuten

TIPP Passt zu Blattsalaten, nach Belieben auch zu gemischtem Salat mit Tomaten, Gurken, Pilzen, Mais oder Paprika.

Joghurtdressing

Ergibt ca. 200 ml; für 1 Kopf Salat

3 EL Joghurt
3 EL Zitronensaft
1,5 EL Öl
Salz, Pfeffer
½ TL Meerrettich

2 TL gehackte Kräuter
(Petersilie, Dill etc.)
½ TL Zucker
3 EL Wasser

Zubereitungszeit 5 Minuten

TIPP Passt besonders gut zu bunten Blattsalaten sowie zu Gurkensalat.

VEGAN
Vinaigrette

Ergibt ca. 200 ml; für Salat für 4 Personen

8 EL Essig (Wein- oder Apfelessig)
3 EL Olivenöl
Salz, Pfeffer
1 haselnussgroße Menge Senf

1 TL gehackte Kräuter
(frisch oder TK)
1 Msp. Zucker
4 EL Wasser

Zubereitungszeit 5 Minuten

TIPP Passt besonders gut zu Feldsalat und anderen
Blattsalaten sowie zu Tomaten- und Gurkensalat.

Bunte Reispfanne

VEGAN

Für 4 Personen

250 g Naturreis
Salz
2 Zwiebeln
1 Knoblauchzehe
250 g Champignons
2 rote Paprikaschoten
2 EL Olivenöl
2 gehäufte EL Tomatenmark
1 kleine Dose stückige Tomaten (400 g Füllmenge)
Pfeffer

Zubereitungszeit
35 Minuten

1. Reis nach Packungsanweisung in einem mittelgroßen Topf in kochendem Salzwasser bissfest garen. Abgießen und abtropfen lassen.

2. Zwiebeln und Knoblauch abziehen und würfeln. Champignons ggf. mit einem feuchten Küchentuch säubern und vom Stiel je 1 dünne Scheibe abschneiden (siehe Seite 11). Pilze je nach Größe in Scheiben schneiden oder vierteln. Paprikaschoten putzen, waschen und in kleine Würfel (1 x 1 cm) schneiden (siehe Seite 14).

3. Öl in einer beschichteten Pfanne erhitzen. Zwiebeln darin glasig dünsten; Knoblauch zugeben und kurz mitdünsten. Champignons und Paprika dazugeben und alles unter Rühren bei mittlerer Hitze etwa 5 Min. braten.

4. Tomatenmark zufügen und umrühren. Tomaten und 500 ml Wasser zugeben, alles gründlich verrühren und bei kleiner Hitze in etwa 5 Min. kochen, bis das Gemüse zwar weich, aber noch bissfest ist. Salzen und pfeffern.

5. Den gekochten und abgetropften Reis in die Pfanne geben, gut umrühren und 3 Min. ziehen lassen. Evtl. mit Salz und Pfeffer abschmecken.

Gebratener Eierreis mit Tomatensauce

Für 4 Personen

250 g Naturreis
(oder ca. 600 g gekochter
Reis vom Vortag)
Salz
1 große Zwiebel
2 Knoblauchzehen
200 g Zuckerschoten
4 Frühlingszwiebeln
2 mittelgroße Möhren
2 EL Olivenöl
1 Packung passierte
Tomaten (250 g)
Pfeffer
7 Eier (Größe M)
1 EL Sojasauce

**Zubereitungszeit
35 Minuten**

1. Reis nach Packungsanweisung in einem mittelgroßen Topf in kochendem Salzwasser bissfest garen. Abgießen und abtropfen lassen.

2. Zwiebel abziehen und in Würfel schneiden (siehe Seite 16). Knoblauch abziehen. Zuckerschoten waschen, putzen und halbieren (siehe Seite 16). Frühlingszwiebeln putzen, waschen und in Ringe schneiden (siehe Seite 12). Möhren gründlich waschen, putzen und grob raspeln (siehe Seite 13).

3. Für die Tomatensauce 1 EL Öl in der Pfanne erhitzen. Die Hälfte der Zwiebeln darin bei mittlerer Hitze glasig dünsten. Knoblauch durch eine Presse drücken, zufügen und etwa 1 Min. mitdünsten. Die passierten Tomaten zugeben und das Ganze 10 Min. bei geringer Hitze einkochen lassen. Mit Salz und Pfeffer würzen.

4. 250 ml Wasser mit etwas Salz zum Kochen bringen. Sobald es kocht, die Zuckerschoten zugeben und 3 Min. darin kochen lassen. Abgießen.

5. In einer Pfanne 1 EL Öl erhitzen und die Frühlingszwiebeln darin in etwa 4 Min. glasig dünsten. Möhrenraspel zugeben und einige Min. anbraten. Reis und Zuckerschoten zugeben und mit Salz und Pfeffer würzen.

6. Die Eier in einer Schüssel mit einer Gabel oder einem Schneebesen verschlagen, Sojasauce zufügen und über den Reis geben. Alles gründlich vermengen und braten, bis die Eimasse gestockt ist. Mit der Tomatensauce servieren.

Tomaten-Paprika-Ragout mit Tofu

1. Reis nach Packungsanweisung kochen und abgießen.

2. Zwiebeln und Knoblauch abziehen, grob zerkleinern und pürieren. Alternativ auf einer Reibe grob raspeln. Ingwer schälen und reiben oder in sehr feine Würfel schneiden. Paprika waschen, Kerne und Trennwände entfernen und in ca. 1 x 1 cm große Würfel schneiden (siehe Seite 14).

3. 1 EL Öl in einer großen Pfanne erhitzen. Zwiebeln zugeben und 2 bis 3 Min. unter Rühren dünsten. Knoblauch, Ingwer und Cayennepfeffer zufügen und alles weitere 3 Min. dünsten.

4. Paprikawürfel zum Zwiebelgemisch geben und 5 Min. dünsten. Mit Korianderpulver, Salz und Pfeffer würzen. Tomaten und 50 ml Wasser zugeben und aufkochen lassen.

5. Tofu in Würfel schneiden und mit Currypulver und Cayennepfeffer würzen. 1 EL Öl in einer beschichteten Pfanne erhitzen und die Tofuwürfel darin knusprig braten. Tofuwürfel in die Sauce geben und mit gehackten Kräutern bestreuen. Das Tomaten-Paprika-Ragout mit dem gekochten Reis servieren.

Für 4 Personen

250 g Naturreis
2 große Zwiebeln
2 Knoblauchzehen
2 walnussgroße Stücke Ingwer
2 rote Paprikaschoten
2 EL Öl
etwas Cayennepfeffer
1 TL Korianderpulver
1 TL Salz, Pfeffer
2 kleine Dosen stückige Tomaten (à 400 g Füllmenge)
200 g Tofu
2 TL Currypulver
etwas Petersilie oder Koriandergrün, gehackt

Zubereitungszeit
40 Minuten

Scharfes Kichererbsencurry mit Reis

Für 4 Personen

250 g Naturreis
500 g Brokkoli
200 g Möhren
4 Tomaten
2 Zwiebeln
2 Knoblauchzehen
60 g Erdnusskerne, ungesalzen
3 EL Öl
2 gehäufte EL Currypulver
1 Dose Kokosmilch (200 ml)
1,2 l Gemüsebrühe
2 kleine Dosen Kichererbsen, gegart (à 265 g Füllmenge)
Salz, Pfeffer
1 Bund Schnittlauch

Zubereitungszeit
30 Minuten

1. Den Reis nach Packungsanweisung zubereiten und abgießen.

2. Brokkoli waschen und die Röschen vom Stiel schneiden. Brokkolistiele mit einem kleinen Messer schälen und in ½ cm dicke Scheiben schneiden (siehe Seite 11). Möhren gründlich waschen und beide Enden abschneiden. Der Länge nach halbieren und in 1 cm dicke Scheiben schneiden (siehe Seite 13). Tomaten waschen und halbieren, dabei den Stielansatz entfernen (siehe Seite 16). Tomaten grob würfeln.

3. Zwiebeln und Knoblauch abziehen. Zwiebeln würfeln, Knoblauch fein hacken. Erdnüsse grob hacken. Öl in einem großen Topf erhitzen, Zwiebel- und Knoblauchwürfel darin einige Min. bei mittlerer Hitze anbraten, bis sie glasig sind. Gehackte Erdnüsse zugeben und wenige Min. anbraten, bis alles leicht gebräunt ist. Mit Currypulver bestreuen und umrühren.

4. Kokosmilch, Gemüsebrühe, Brokkoli und Möhren zu den Zwiebeln geben. Die Kichererbsen abtropfen lassen und ebenfalls zugeben. Mit Salz und Pfeffer würzen. Das Ganze 15 Min. bei mittlerer Hitze köcheln lassen. Tomatenwürfel zugeben und weiterkochen, bis das Gemüse bissfest oder weich ist, je nach Belieben.

5. Schnittlauch waschen, trocken schütteln und in feine Röllchen schneiden. Kichererbsencurry mit Salz und Pfeffer abschmecken. Schnittlauch zufügen. Den Reis dazu servieren.

Bunter Gemüsereis

1. Den Reis nach Packungsanweisung bissfest kochen und abgießen.

2. Spargel waschen, das untere Drittel schälen und holzige Enden abschneiden. Die Spargelstangen schräg in etwa 2 cm breite Stücke schneiden (siehe Seite 15).

3. Radieschen gründlich waschen, die Enden abschneiden, die Radieschen vierteln. Frühlingszwiebeln waschen, putzen und in Ringe schneiden (siehe Seite 12).

4. 1 EL Öl in einer beschichteten Pfanne mit hohem Rand erhitzen und den gekochten Reis darin anbraten. Herausnehmen. 2 EL Öl in der selben Pfanne erhitzen. Spargel und Radieschen zugeben und 7 Min. dünsten, bis das Gemüse leicht bräunlich wird. Frühlingszwiebeln dazugeben und einige Min. mitdünsten. Reis zufügen, gründlich umrühren und mit Zitronensaft, Salz und Pfeffer würzen. Nach Belieben abschmecken.

5. Kresse vom Beet abschneiden und mit Kurkuma und Joghurt verrühren. Mit Salz und Pfeffer abschmecken. Den Gemüsereis mit dem Kressedip servieren.

TIPP Der Gemüsereis schmeckt am besten, wenn man gekochten Reis vom Vortag verwendet. Dieses Gericht ist also eine ideale Resteverwertung – und außerdem richtig lecker!

Für 4 Personen

250 g Naturreis
700 g grüner Spargel
1 Bund Radieschen
4 Frühlingszwiebeln
3 EL Olivenöl
etwas Zitronensaft
Salz, Pfeffer
½ Beet Kresse
1 TL Kurkumapulver
300 g Naturjoghurt

Zubereitungszeit
35 Minuten

Reispuffer à la Doris mit Paprikasugo

1. Den Backofen auf 150 °C (Umluft 130 °C) vorheizen. Ingwer schälen und reiben. Zusammen mit Eiern, Currypulver, Sahne und Mehl gründlich verrühren. Reis und gefrorene Erbsen zugeben und alles miteinander vermengen.

2. 2 EL Öl in einer Pfanne erhitzen. Pro Puffer 1 gehäuften EL der Masse in die Pfanne geben und die Häufchen mit dem Löffelrücken etwas flach drücken. Die Reispuffer von jeder Seite etwa 4 Min. knusprig braten, bis sie goldgelb sind. Im Backofen warmhalten. Nicht abdecken, sonst werden sie matschig.

3. Die restliche Reispuffermasse in Öl ebenso ausbraten und warm halten.

4. Währenddessen die Zwiebeln abziehen und in Würfel schneiden (siehe Seite 16). Paprika waschen, Kerne und Trennwände entfernen, vierteln und in Streifen schneiden (siehe Seite 14).

5. 1 EL Öl erhitzen und die Zwiebeln darin glasig dünsten. Die Paprika zugeben und alles rundum bei mittlerer Hitze anbraten. 300 ml Wasser und Tomatenmark zugeben, umrühren und alles bei mittlerer Hitze etwa 5 Min. kochen lassen, bis die Paprika weich sind. Mit Salz und Pfeffer nach Belieben abschmecken.

6. Paprikasugo zu den Reispuffern servieren.

TIPP Die Reispuffer sind eine köstliche Idee, übrig gebliebenen Reis vom Vortag zu verwenden. Sie schmecken auch kalt und lassen sich genauso gut mit geraspelten Möhren statt Erbsen zubereiten.

Für 4 Personen (ergibt ca. 14 Puffer)

1 walnussgroßes Stück Ingwer
4 Eier (Größe M)
2 EL Currypulver
2 EL Sahne
4 EL Vollkornmehl
500 g gekochter Reis vom Vortag
80 g TK-Erbsen
4 EL Olivenöl
2 große Zwiebeln
500 g Paprikaschoten (rot oder gemischt)
1 gehäufter EL Tomatenmark
Salz, Pfeffer

Zubereitungszeit
40 Minuten

Über dieses Buch

Über die Autorin

SUSANNE KIRSTEIN ist Diplom-Ernährungswissenschaftlerin und hat über 10 Jahre Erfahrung als Programmleiterin in den Bereichen Ernährung, Gesundheit und Fitness in einem großen Medien- und Buchkonzern in München. Sie ist ausgebildete Heilpraktikerin und arbeitet als klassische Homöopathin. Mit diesem Wissen hat sie ein ganzheitliches, homöopathisch begleitetes Fastenkonzept entwickelt und betreibt ihr eigenes Fastenzentrum im Bayerischen Wald. Ihre Fastenwanderwochen finden ganzjährig statt (weitere Infos unter www.fastenzentrumkirstein.de). Täglich erfährt sie neu, welche faszinierende Wirkung eine gesunde und genussvolle Ernährung sowie ein stabiles Gleichgewicht zwischen Bewegung und Entschleunigung auf die Gesundheit haben. Außerdem arbeitet sie als Dozentin in der Ausbildung von Ernährungsberatern sowie als Programmleiterin für einen Buchverlag.

Impressum

1. Auflage © 2015
buecherschmie.de Verlag – Jan-Dirk Hansen,
Lazarettstraße 11, 80636 München
www.buecherschmie.de

Hinweis

Die Ratschläge/Informationen in diesem Buch sind von Autorin und Verlag sorgfältig erwogen und geprüft worden. Dennoch kann eine Garantie nicht übernommen werden. Eine Haftung der Autorin bzw. des Verlags und seiner Beauftragten für Personen-, Sach- und Vermögensschäden ist ausgeschlossen.

PROJEKTLEITUNG Jan-Dirk Hansen
KORREKTORAT Text & Form, Nicola von Otto
FOTOGRAFIE, STYLING, FOODSTYLING
Jan-Dirk Hansen, Susanne Kirstein
DRUCK & BINDUNG Neografia a. s.

Printed in Slovakia

ISBN 978-3-943471-04-5

buecherschmie.de Verlag – Jan-Dirk Hansen
Lazarettstraße 11 | 80636 München
www.buecherschmie.de | info@buecherschmie.de

 Besuchen Sie uns im Internet unter www.buecherschmie.de. Hier können Sie u. a. zu den Rezepten in diesem Buch Einkaufslisten herunterladen, die Ihnen das Einkaufen erleichtern.